"十二五"职业教育国家规划教材
经全国职业教育教材审定委员会审定

大学生职业生涯与发展规划

DAXUESHENG
ZHIYE SHENGYA YU FAZHAN GUIHUA

综合院校高职高专版（第2版）

主　编	焦金雷	万发瑞	熊宝珍	孙智芹
副主编	杨金奎	布俊峰	商亚非	崔立峰

编　者　（按姓氏笔画顺序排列）

万发瑞	王卫蛟	布俊峰	叶高亮
史耀雄	任书体	孙智芹	杨金奎
李小红	沈文洁	单春辉	宝艳红
宗爱敏	赵文琴	赵瑞芳	袁剑锋
徐东娜	崔立峰	商亚非	焦向导
焦金雷			

丛书总主编　　方　伟　　王少浪
职业生涯与发展规划课题研究组　供稿

世界图书出版公司
西安　北京　广州　上海

图书在版编目(CIP)数据

大学生职业生涯与发展规划:综合院校高职高专版/方伟,王少浪主编.—2版.—西安:世界图书出版西安有限公司,2015.1(2020.12重印)

ISBN 978−7−5100−9285−5

Ⅰ.①大… Ⅱ.①方… ②王… Ⅲ.①大学生—职业选择—高等职业教育—教材 Ⅳ.①G647.38

中国版本图书馆 CIP 数据核字(2015)第 023443 号

大学生职业生涯与发展规划(综合院校高职高专版)
(第 2 版)

丛书总主编	方 伟 王少浪
本册主编	焦金雷 万发瑞 熊宝珍 孙智芹
责任编辑	汪信武

出	版	世界图书出版公司
发	行	世界图书出版西安有限公司
地	址	西安市高新区锦业路都市之门 C 座
邮	编	710065
电	话	029−87214941 029−87233647(市场营销部)
		029−87234767(总编室)
传	真	029−87285817
经	销	全国各地新华书店
印	刷	北京华创印务有限公司
开	本	710×1000 1/16
印	张	13
字	数	260 千字
版	次	2011 年 7 月第 1 版 2015 年 1 月第 2 版
印	次	2020 年 12 月第 13 次印刷
ＩＳＢＮ		978−7−5100−9285−5
定	价	43.00 元

☆如有印装错误,请寄回本公司更换☆

前言 PREFACE

　　近些年来，大学生就业一直困扰着众多的学生、家长和学校，引起教育主管部门、人力资源管理部门的重视。同时，这一社会现象也得到包括习近平总书记、李克强总理在内的中央最高领导人的高度关注。习近平总书记和李克强总理多次到高校座谈、视察人才市场，并多次发表讲话，作出相关指示。国家相关部委近年也集中出台了各种法律法规、采取相关措施缓解大学生就业难的问题。2013年5月，国务院召开了关于高校毕业生就业问题的常务会议，提出六点意见，多渠道、全方位地为毕业生就业提供支持和帮助。各高校把大学生就业工作作为"一把手工程"来对待，各地教育主管部门也把大学生就业工作列入高校的专项考核内容之中。

　　大多数高校都按照教育部的要求把大学生生涯教育和就业指导课程纳入必修课或者选修课的必选课程。有的学校强化了就业指导师资的培训工作，但也有相当一部分学校，尤其是地方院校，生涯教育师资极其缺乏，就业指导模式尚待创新，生涯教育课程质量难以得到保障，以致学生的就业观并没有得到根本的转变，许多学校就业指导中心老师辛辛苦苦联系到的就业岗位并不被学生认可。这一切均说明高校的生涯教育与就业指导教育理念有待转变，教学质量亟待提高。

　　在现实教学中，我们了解到，在讲"生涯规划"时，老师比较热衷于"自我认知"的讲授，特别喜欢讲性格、兴趣对人的影响。在讲"就业指导"课时，老师比较喜欢讲"求职材料准备""求职心理""面试技巧"等。从这些教学活动中可以看出老师的薄弱点在于对生涯规划课的认识不够，不知道这门课属于哪一类课，应该让学生通过这门课学到什么。现时的教材也大多千篇一律地大谈生涯规划理论，使不少非专业的生涯教育老师和从事就业指导课的老师不知如何施教。有的学生甚至产生"上生涯规划课是浪费我的生涯"的感叹。鉴于此，我们组织了一大批长期在一线接触学生、专门从事大学生生涯教育与就业指导教育的专家和老师，成立"职业生涯规划与就业指导课题组"，专门从事大中专学生生涯规划与就业指导教学研究，并策划了"职业生涯与就业指导丛书"，期望能为广大的大中专学生提供一系列贴近学生实际的生涯规划与就业指导教材。

在本套教材编写过程中,我们特别强调"中国魂"的概念。也就是说,希望按照中国的哲学思想、中国的传统文化、中国人的心理特点、中国当今的政治经济环境和职业要求来编写和讲授生涯规划,真正做到与中国国情相结合,贴近学生实际需求。

如在《生涯规划》编写过程中,融入中华传统文化元素,弥补了按西方心理学模式给中国学生讲授职业规划的不足。在自我认知时,改变了原来只重视通过测评来获得性格、兴趣、能力和价值观等相关信息,根据测评结果作出自我认知,并进行职业规划的做法,提出了从生理、心理、社会、家庭、道德和优势六个维度进行自我认知的观点,构成一个"完整我"的认知。其中还特别强调"社会我"和"家庭我"的认知,强化学生的社会意识和家庭责任。鼓励学生在强调自己兴趣、性格的同时,更要考虑国家的需要和家庭的需要。为了帮助大学生做好"职业认知",我们按专业类别对相关专业与相关行业的关系、行业内的相关职业、职业的相关要求均做了介绍。我们还吸纳部分院校通过学生职业体验增加对职业、岗位了解的做法,鼓励学生利用假期进行职业体验,以完成正确的环境认知,帮助同学们做出适合自己的生涯规划。

根据大学生个人的认知、成长及所处环境处于动态变化的过程中的特点,提出了"必须分阶段进行自我认知和环境认知"的观点。只有做好自我认知和环境认知,才能帮助大学生动态地、适时地进行合理、正确的生涯规划。

我们把《生涯规划》这门课程定义为人生管理的方法学课程,就像英语和计算机技术一样,是一门应用性很强的方法学课程,其教学目的就是要让同学们学会使用这种工具来规划自己在校期间以及毕业后的生活和工作,使同学们在入学之初就开始学习管理自我,完成从中学生向大学生的角色转变,了解、接受新的就业观念,并通过在校期间的学习,不断提升自己的就业能力。《就业指导》的编写改变了原来一直强调的就业形势严峻的做法,在"形势教育"中,重点强调社会转型给学生带来的就业与创业机会,强调相关行业信息、行业用人标准、重点职业的岗位要求;强调学生对职业道德的了解,提升自己的职业素养;强调学生入职后必须注意的几个原则性转变,帮助学生完成从学生向职业人的角色转换,更好地适应所从事的工作。

每一个成功的人都有明确的人生方向和目标,而每一个阶段都应该对本阶段的"自我"和"环境"有清晰的认知,并在此基础上做好自己的短期和中长期规划,这是生涯规划成功的关键要素。

当然，我们也注意到有人提出了"生涯能否规划"的论点。对此，我们强调生涯规划的 80/20 法则，提出了生涯规划与创新的关系。这些论点对人们认识和了解生涯规划理论的意义、学好这门课程极有帮助。

大学阶段是人生历程中一个重要的转折点。同学们需要未雨绸缪，提前为自己做好生涯规划，把握自己的命运，创造美好生活，演绎精彩人生。做好生涯规划，必须清晰地认识生涯规划的相关概念，了解职业选择和职业决策的相关理论，认清职业、专业与生涯规划的影响和相互关系，把握影响生涯规划的因素，掌握生涯规划的内容、原则和步骤，为制订科学合理并符合自身特色的生涯规划提供保障，同时也为成功的职业人生打好基础。

同学们，希望你们能够在前行的路上认清方向，认真地走好每一步，在未来的广阔天空中展翅飞翔。

本书编写组

目录 Contents

引言 ······ 001
第一章 大学生生涯规划启蒙 ······ 006
第一节 生涯规划是一门方法学课程 ······ 007
一、生涯规划是目标管理法在人生生涯管理过程中的应用 ······ 008
二、生涯规划的五大步骤 ······ 008
第二节 生涯规划相关名词 ······ 009
一、生涯、目标 ······ 009
二、职业、职业发展 ······ 010
三、职业生涯 ······ 010
四、内职业生涯 ······ 011
五、外职业生涯 ······ 011
六、规划、生涯规划、职业生涯规划 ······ 012
七、职业锚 ······ 012
第三节 大学生生涯规划的特点 ······ 014
一、大学期间生涯规划的重点和主要内容 ······ 014
二、大学生生涯规划与职业人职业生涯规划的区别与联系 ······ 014
三、高职高专学生生涯规划的特点 ······ 016
第四节 大学生生涯规划的几个关键问题 ······ 020
一、大学生生涯规划要特别注意阶段性特点 ······ 020
二、大学生要尽早了解并确定自己的毕业去向 ······ 021
三、制订生涯规划时要遵循 80/20 法则 ······ 022
四、要正确认识规划与创新的关系,摆正规划与创新的位置 ······ 024

第二章 生涯规划的前提条件之一——自我认知 025
第一节 自我认知的内容 026
一、"生理我"——了解我的身体状况 027
二、"心理我"——探究我的内心世界 031
三、"社会我"——明确我对社会的责任以及社会发展给我提供的机遇 042
四、"道德我"——评价自我公民基本道德和职业道德 043
五、"家庭我"——强化我对家庭的责任 046
六、"优势我"——发现、发掘我的所长 047

第二节 自我认知的方法 048
一、自我分析 049
二、他人评价 051
三、专家咨询 052
四、职业测评 052

第三节 自我认知的阶段性 061
一、新生期大学生的自我认知——重点强调对独立生活能力、大学生活方式和思维方式的认知 061
二、低年级大学生的自我认知——重点强调对"完整我"的认知 061
三、高年级大学生的自我认知——重点强调对"社会我"、"家庭我"、"优势我"的认知 063

第三章 制订生涯规划的前提条件之二——环境认知 066
第一节 环境认知的内容 067
一、家庭环境 068
二、校园环境 070
三、所在城市环境 071
四、专业背景 073
五、职业背景 075
六、社会环境 075

第二节 环境认知的途径 077
一、查阅文献 077
二、向学长和老师咨询 077
三、借助媒体 077

四、见习和实习 ………………………………………… 077
　　五、职业体验 …………………………………………… 078
　　六、生涯人物访谈 ……………………………………… 080
　　七、参加社团及社区活动 ……………………………… 087
　　八、做义工 ……………………………………………… 088
　第三节　环境认知的阶段性 ……………………………… 088
　　一、新生期大学生的环境认知——重在了解校园的硬件与软件 … 088
　　二、低年级大学生的环境认知——重在了解城市、专业和行业 … 090
　　三、高年级大学生的环境认知——重在了解社会、职业 ……… 092

第四章　确定目标，制订规划 …………………………… 098
　第一节　大学生生涯规划的主要内容 …………………… 101
　　一、学业规划 …………………………………………… 102
　　二、成长规划 …………………………………………… 102
　　三、实践规划 …………………………………………… 125
　第二节　制订大学期间生涯规划的方法 ………………… 135
　　一、确定职业生涯目标 ………………………………… 136
　　二、按时间制订自己在校期间的生涯规划 …………… 138
　　三、按内容制订自己在校期间的生涯规划 …………… 140
　第三节　大学生生涯规划的阶段性 ……………………… 142
　　一、新生期大学生生涯规划 …………………………… 142
　　二、低年级大学生生涯规划 …………………………… 143
　　三、高年级大学生生涯规划 …………………………… 146
　第四节　大学生生涯规划案例介绍 ……………………… 149
　　一、规划就业的案例 …………………………………… 150
　　二、规划专升本的案例 ………………………………… 155
　　三、规划考公务员的案例 ……………………………… 160
　　四、规划留学的案例 …………………………………… 165
　　五、规划创业的案例 …………………………………… 170

第五章　制订实施方案，评估修正 ……………………… 175
　第一节　制订大学生生涯与发展规划实施方案 ………… 177
　　一、大学三年的行动方案 ……………………………… 178

二、年度(或学期)行动计划 …………………………………… 178
　　三、月度行动计划 ……………………………………………… 179
　　四、周行动计划 ………………………………………………… 179
　　五、日行动计划 ………………………………………………… 180
　第二节　大学生生涯与发展规划方案的评估与修正 …………… 182
　　一、生涯规划评估 ……………………………………………… 182
　　二、大学生生涯与发展规划方案的修正 ……………………… 186
　第三节　大学生生涯与发展规划实施案例 ……………………… 188

附录

　附录一　新生期大学生生涯规划表 ……………………………… 190
　附录二　低年级大学生生涯规划表 ……………………………… 192
　附录三　高年级大学生生涯与职业发展规划表 ………………… 194
　附录四　大学期间生涯规划实施方案 …………………………… 196
　附录五　大学期间生涯规划评估修正表 ………………………… 198

引言 PREFACE

每年的 9 月，数以百万计的学生从中学跨入大学的校门。这些学生经过 12 年的寒窗苦读，终于修成"正果"，来到心仪的大学学习。但每年 11 月至次年 7 月，也有数以百万计的大学生手捧求职申请，涌入各地的招聘现场。逐年下降的首次就业成功率、零工资就业的做法和"大学毕业就等于失业"的悲观论点困扰着学生、家长、学校、老师、企业、社会和国家。新生同学们可以设想一下：自己 3 年后大学毕业时，能学到什么真本领，掌握多少知识和技能？你有多大把握，能够仅仅在 12 上加一个 3，就能成功地应对以后的人生？如果说，12 年的苦读为的只是今天的上大学，那么，读大学又是为了什么呢？我们来看看大学新生们的感悟：

案 例

"入学前，我以为大学是一座神圣的知识殿堂，应该是窗明几净，充满着诗情画意。然而，入学后，我对大学的憧憬几乎完全破灭。与来自不同地方的同学的人际关系让我无所适从，大学里的教学方法让我摸不着头脑，生活条件与想象中的也大不一样。大学新生活不仅没有给我带来满足与快乐，相反，我心里却充满了失落、自卑和压抑，不知怎么办才好。"

【问题】

"为什么进了大学以后所有的事情和自己想象的都不一样？"

"在离开家庭的情况下，怎样使自己感到安全、有依托，不让自己感到孤单？怎样使自己以最快的速度融入新的环境，全身心地投入大学生活中？"

刚刚进入大学的你是不是也有同样的困惑？于是突然很想听爸妈的唠叨，突然开始怀念大清早揉着朦胧的睡眼，慵懒地穿着拖鞋，蹭到厨房看老妈为自己做早餐的情景？可是现实就是，从现在开始，你必须要靠自己了。

你是不是总在晚上定好闹铃，鼓励自己上课一定不要迟到？为了保险，你还叮嘱舍友，如果闹铃没响，一定帮忙叫你起床。可是第二天早晨，你慵懒地躺在床上，就是不想起床，最终历尽艰难，起床收拾好，甚至还来不及收拾，就必须狂奔到教室才赶得及上课，更不要说吃早餐了。

终于下课了，你来到食堂，可那里拥挤不堪，饭菜也没有老妈做的可口。你甚至连学校到底有几个食堂都搞不清楚，哪个窗口卖什么也不知道；等你搞清楚了，食堂里的饭菜早已所剩无几，没有了温度。好不容易打到饭了，却又很不巧，这菜是一位爱脱发的大叔做的，你是不是会很沮丧？

下午没有课,你和舍友出去疯玩了半天,顿觉神清气爽,回寝室的路上,你们哼起了小曲,有说有笑,好像忘记了早上起床的艰难,也忘记了那令人乏味的午餐。可是,当你回到宿舍,望着一大堆还没洗的衣服、袜子,再也没有老妈帮忙,你也不能把它们丢到全自动洗衣机里就万事大吉,你必须先把它们泡在水里,再一件件地搓洗。这时你又想起了临行前老妈的谆谆教诲:要把易脱色的衣服分开洗,而且不同质地的衣服要用不同的洗涤剂,内外衣一定不要混在一起洗,漂洗一定要干净,否则对皮肤不好;晾衣服的时候还要小心别被风刮跑了……你是不是又开始苦闷了呢?

刚来学校,觉得什么都新奇,你们寝室当然也不例外。于是,睡觉前,大家激动不已,忍不住开起了卧谈会,这一谈就到了深夜两三点,第二天起床又因此变得无比艰难,但是你仍意犹未尽。突然想讨论一个问题:"碰到一个漂亮女生,首先该说什么?"结果不巧,某君从梦中惊醒,喃喃道:"啥也别说了,咱们快睡吧!"明明是你的兴致被扫荡一空,但你是不是仍该道个歉呢?

在刚入学的日子里,你有没有听说谁丢了钱包、手机,谁上当买错或买贵了东西,甚至还有人不小心差点出交通事故……

你以及身边的许多人是否突然感觉自己平庸了很多?以前是学校里的佼佼者,突然身边强手如云,是不是有点缺乏存在感?

如果你来自农村,看着身边的同学来学校报到穿着名牌,拎着大包小包,装备齐全,甚至还带着笔记本电脑,用着高档手机,是不是偷偷地自卑过?
……

实际上,这些问题在刚入学的大学新生中普遍存在着。

小链接

前不久,有人对北京高校的数百名大学新生进行了调查,请他们描述了自己入学两个月以来的心情。除了有少数同学用"兴奋""新奇""愉快""快乐"等词汇来描述自己入学后的心情以外,多数同学使用了这样一些字眼和句子:紧张、苦闷、困惑、烦恼、抑郁、郁闷、自卑、无聊、空虚、害怕、冷漠、痛苦、孤独、寂寞、沮丧、迷茫、茫然、无地自容、自我封闭、失去了理想、没有了动力、找不到位置、对自己估计过高了;世界变大了,自己变小了;心情低落不畅快;经济困难,影响学习和生活的自信心;因不会讲普通话而自卑;因不再是老师的宠儿而有失落感……

这是许多大学新生会遇到的问题。为了使自己能够顺利地度过新生期,也为了使自己能充分利用大学的宝贵时光,多学知识、多学本领,为将来的职业发展做好准备,我们首先要学会做好自己的生涯规划,特别是大学期间的生涯规划,掌握在不同阶段进行不同的认知内容和目标规划的方法,引导自己一步一步走向成功。以下几章就是为了解决这些问题和困惑而设计的。

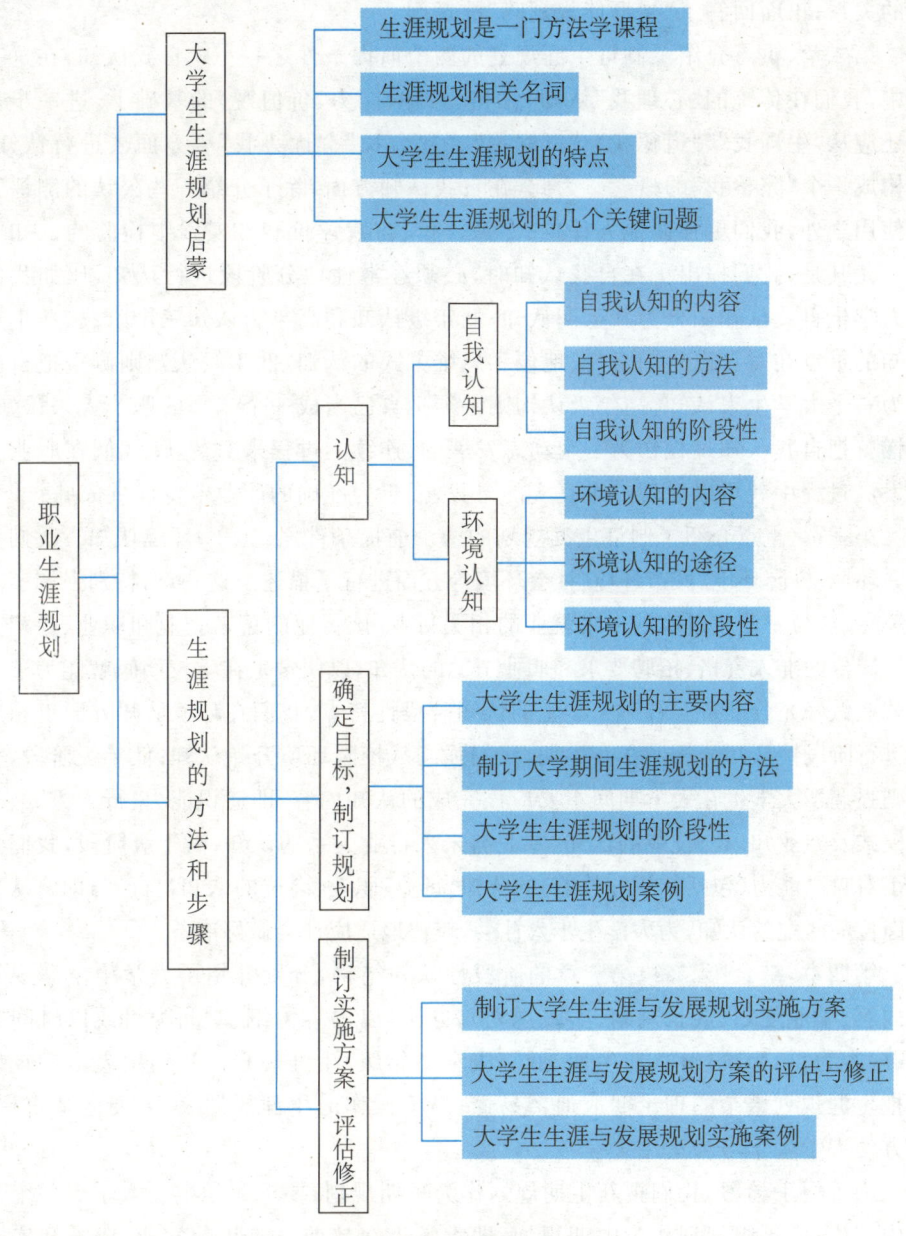

```
                    ┌─ 生涯规划是一门方法学课程
         ┌─大学生    ├─ 生涯规划相关名词
         │ 生涯规划   ├─ 大学生生涯规划的特点
         │ 启蒙      └─ 大学生生涯规划的几个关键问题
         │
         │           ┌─自我   ┌─ 自我认知的内容
         │           │ 认知   ├─ 自我认知的方法
         │           │       └─ 自我认知的阶段性
         │         ┌─认知
         │         │ │       ┌─ 环境认知的内容
         │         │ │环境   ├─ 环境认知的途径
         │         │ └认知   └─ 环境认知的阶段性
职业     │         │
生涯 ────┤生涯规划  │       ┌─ 大学生生涯规划的主要内容
规划     │的方法和  │确定目标,├─ 制订大学期间生涯规划的方法
         │步骤     ├─制订规划 ├─ 大学生生涯规划的阶段性
         │         │        └─ 大学生生涯规划案例
         │         │
         │         │制订实施  ┌─ 制订大学生生涯与发展规划实施方案
         │         └方案,评估 ├─ 大学生生涯与发展规划方案的评估与修正
         │           修正     └─ 大学生生涯与发展规划实施案例
```

大学生生涯规划学习导图

第一章重点介绍了生涯规划的启蒙知识,包括大学生生涯规划是一门什么样的课程、生涯规划相关名词、大学生生涯规划的特点,等等。我们认为,生涯规划课

程是一门方法学课程,就是把目标管理用在人的生涯规划管理中;强调了大学生生涯规划与职业人生涯规划的区别和联系;强调了生涯规划的80/20法则以及与创新的关系;正面回答了"生涯能规划吗"的疑问。

第二章,重点介绍了制订生涯规划的两个前提条件之一——自我认知,在这一章中,我们在传统的"心理我"认知(性格、兴趣、能力、价值观)的基础上,进一步提出还应从"生理我"、"道德我"、"家庭我"、"社会我"、"优势我"等方面去进行认知,以构成一个"完整我"的概念。为此,在自我认知方面,除了介绍一些公认的测评工具使用之外,我们更强调他人评价、专家评价、自我评价和在实践中检验的认知方法。尤其是,我们提出了在自我认知时,必须经常性地分阶段进行认知,比如我们把大学生自我认知细分为新生期认知、低年级认知和高年级认知三个阶段,新生期认知的重点在对自己目前身份、地位和思维方式的认知,低年级认知则侧重把自己作为一个大学生来认知,高年级认知则必须把自己当成一个未来的职业人来认知,这样就把自我认知过程作为一个动态发展的、连续的过程来对待,使我们在职业生涯发展过程中就可以发现一个真实的自我,便于为准确的职业定位提供依据。

第三章,重点介绍了制订生涯规划的两个前提条件之二——环境认知。我们从家庭环境、校园环境、城市环境、社会环境等方面进行了描述。这一章,特别强调了对相关专业、与专业相对应的未来就业的相关行业、该行业的著名企业和职业、各相关工作岗位的准入资格、招聘要求和职业道德的认知,以便学生在学校期间就能为未来的就业做好充分准备。针对大学生的认知阶段性特点,我们在环境认知方面也相应地进行阶段性认知分析。在新生期,我们强调从校园环境开始认知;低年级阶段,我们则强调了大学生在大学期间主要应该完成的认知内容,即通识能力、行为方式、思维模式及专业知识与技能的认知,专业与未来行业关系的认知;高年级阶段,我们强调了对自己能力(包括知识和技能)的认知,行业、职业、岗位的认知,自己与即将从事的岗位的匹配的认知,为大学生步入社会,较快地适应社会做好准备。

第四章,结合第二章、第三章的阶段性认知结果,分别介绍了大学生生涯规划的内容(学业规划、成长规划、实践规划)、方法(以内容为纲、时间为目或以时间为纲、内容为目)和阶段性(新生期、低年级和高年级)生涯规划。我们用表格法较好地把生涯规划繁杂的理论变成通俗易懂、易于操作的生涯规划表,方便老师讲授,也方便大学生学习和运用。

为了便于学习,我们把新生期规划作为短期规划,要求大学生在入学后一个月之内完成;低年级规划作为中期规划,即大学生在校前一二年的学业、成长和实践规划;高年级规划为长期规划,即大学生在校期间最后一年及毕业后一两年之内的学业、成长和实践规划。

第五章,介绍了生涯规划实施方案的制订,分成年度、学期、月度、周、日实施计划表,帮助学生执行。另外,设计了生涯规划实施结果评估、反馈、修正表,以帮助大学生完整地完成生涯规划的整个过程。

附录,我们介绍了相关的测评工具和一系列规划表,便于大学生自学和练习。

同学们可以先通过进行新生期生涯规划初步了解生涯规划的方法,然后通过低年级规划和高年级规划,达到很好地规划自我、熟练掌握这门方法学的双重目的。

大学入学伊始便接触生涯课是非常必要和重要的,而鉴于新生同学们刚刚接触此课程时,对生涯规划的相关知识和步骤了解还不够,所以建议同学们在进行新生期规划时,先自行参照第二章自我认知第三节"自我认知的阶段性"中"新生期大学生的自我认知"、第三章环境认知第三节"环境认知的阶段性"中"新生期大学生的环境认知"和第四章设定目标制订规划的第三节"大学生生涯规划的阶段性"中"新生期大学生生涯规划"进行练习;再结合新生期结束后实施效果的评估,了解整个生涯规划的目标设定、评估、修正等方法。不仅为正确设计和管理人生,走好自己的生涯路程定下路标,也为在今后的学习、工作和生活中更好地运用此方法打下基础。

案 例

今天我来到了北京某大学上学,终于圆了一个长达十几年的梦,这个梦寄托着老师、父母以及乡里乡亲的殷切期望。我很想好好地利用上大学的宝贵机会,多学知识,多学本领,将来好回报社会、回报父母、回报生我养我的故乡。但我应该怎么做呢?我咨询老师,老师向我推荐了这本《大学生职业生涯与发展规划》教材,让我按图索骥,先制订新生期规划,帮我尽快完成中学生向大学生的角色转变,在完成角色转变的同时,掌握这种规划的方法;然后,再进行大学期间的生涯规划;最后在高年级再完成高年级生涯规划。老师说,这样的话,我的大学三年就可以过得很充实,奋斗有目标。我把老师的指导加以整理,绘成以下新生期规划的路线图:

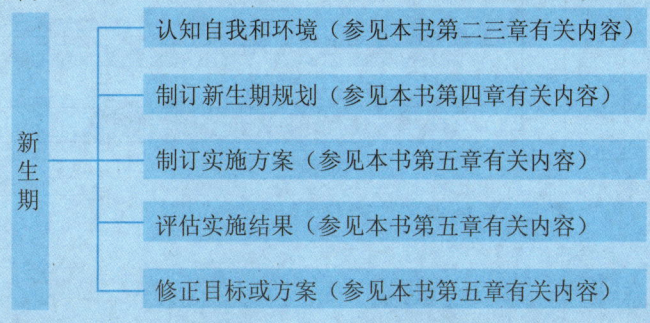

新生期
- 认知自我和环境(参见本书第二三章有关内容)
- 制订新生期规划(参见本书第四章有关内容)
- 制订实施方案(参见本书第五章有关内容)
- 评估实施结果(参见本书第五章有关内容)
- 修正目标或方案(参见本书第五章有关内容)

第一章 大学生生涯规划启蒙

学习目标

1. 了解生涯规划是一门方法学课程。
2. 熟悉生涯规划相关的名词内涵。
3. 熟悉生涯规划的阶段性特点。
4. 了解大学期间生涯规划的重点和主要内容。
5. 了解大学生生涯规划与职业人职业生涯规划的区别与联系。
6. 了解生涯规划的 80/20 原则,注重规划与创新的关系。
7. 掌握大学生生涯规划,为就业做准备。

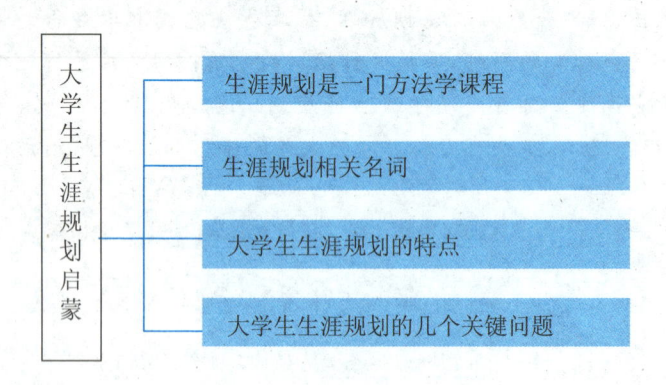

大学生生涯规划启蒙
- 生涯规划是一门方法学课程
- 生涯规划相关名词
- 大学生生涯规划的特点
- 大学生生涯规划的几个关键问题

2013年9月末的一条"大学游戏梦破灭 北理工新生电脑被'收缴'"的新闻引起不少争议。有人认为,电脑是现代人的必需品,上大学怎么能没有电脑?有人说,有的学生过于沉溺于电脑游戏,大一就有被退学的,电脑应该收缴。学校说,这是为了帮助学生们更好地度过新生期。你怎么看这件事呢?

其实,不准学生们带电脑,绝对不是北京理工大学的首创,北京理工大学也绝对不是唯一一所这样做的学校。我们必须面对这样一个现实,即我们的同学们经过十几年的寒窗苦读,好不容易完成了高考。在6月份高考后到9月份入学的这段日子里,同学们都彻底自由了。家长不管,老师不管,大多数人都有一种被解放的感觉,而这期间,选择电脑的不在少数,且游戏绝对是首选。不少同学进入大学时,满脑子还是游戏。这种习惯要完全依靠学生自己的自制力去克服是不现实的。从积极心理学角度来看,在人们所处的环境发生如此大变化的时候,外力实施干预是必需的。其目的就是要帮助学生终止这种不良习惯,就是要帮助学生们尽快适应大学这个新的环境。这就是生涯规划要帮助学生解决的问题之一。

同学们一定非常好奇:生涯规划!这是一门什么样的课呢?这门课程真的这么神奇吗?怎么在中学里从来没有听说过呢?大学为什么要开这门课呢?这对我们真的很有帮助吗?我们可以学到什么呢?为什么要学生涯规划呢?应该怎么学呢?下面我们就来回答同学们的提问。

第一节 生涯规划是一门方法学课程

生涯规划是一门什么样的课程呢?这是很多同学经常问到的问题。本书认为,生涯规划不是一门专业课程,而是一门依托成功学和管理学的原理,借助心理学、社会学方法,帮助人们认识自己、认识社会,并进而规划自己一生的方法学课程,也可以说是一门生涯成功方法学课程。之所以说它是方法学,是因为它实质上就是一种目标管理的方法,也可以说是目标管理法在人生规划中的运用。从广义上说,它属于通识教育范畴。也正因为这门课程属于成功方法学范畴,所以,它的重要性远大于一般的专业课程,可以说这是一门可以影响学生一生的课程。

亚里士多德说:"人是一种寻找目标的动物,他生活的意义仅仅在于是否正在寻找和追求自己的目标。"

一、生涯规划是目标管理法在人生生涯管理过程中的应用

目标管理法是企业使用较多的一种以结果为导向的管理学方法。其核心内容就是告诉人们"干什么事都要有目标"。其步骤一般包括：制订目标、制订实施计划、实施及实施后的信息反馈处理、评价结果及进行奖惩。而生涯规划也同样遵循这一规则，只不过在制订目标之前，强调了自我认知和环境认知这两个前提。

我们进入大学后，就要对自我的现状、大学对"我"的要求以及大学这个新的环境有所了解。在此前提下，我们也必须制订出相关的目标和规划，来帮助自己尽快地适应大学生活，避免像少数同学那样，因不适应大学生活，在大一、大二挂科或退学而影响自己的一生。

二、生涯规划的五大步骤

生涯规划有如下五大步骤（图1-1）：

图1-1 生涯规划的五个步骤

- 1. 目标确定的前提要素——认知决定了生涯规划的动态性、阶段性和连续性

从以上生涯规划的步骤可以看出，目标是根据认知的前提正确制订出来的。当前提处于不停变化之时，目标怎能轻易制订？也就是说，生涯规划是一个动态、连续的过程，在变化如此之快的世界，我们应该学会经常对自我、对我们所处的环境进行认知，然后经常性地对自己的短期目标进行规划和实施，尽量避免制订"具体"而"详细"的长期规划，那是不现实的。

如新生入学后，最应该做的是新生期规划，其目的是帮助自己尽快适应大学；而适应大学生活之后，我们的规划目标就要调整到专业学习的认知和规划上来，通过对即将学习的专业的了解和认知，来确定自己在校期间的学习、成长和实践规划；而进入高年级，则要考虑自己的毕业去向，要对自己重新进行认知，要以选择好的毕业出路为规划目标，做好相应的规划，如升学、就业或创业规划等。这样才有助于我们更好地寻找到自己的职业发展路径。

在既往的生涯学习过程中，也有人一次性做好未来几十年的规划，这种做法我们不敢认同，而且实现的可能性极小。因为它不符合动态变化、逐渐探索的原则，也不符合社会现实。建议学生们尽量不要过早地制订太远的规划。

- 2. 生涯规划的工具属性决定其能够帮助学生消除不同事情带来的不同困惑

正因为生涯规划具有以上所说的工具属性，所以可以用来帮助同学们消除在大学期间不同时期出现的不同困惑，如缺乏人脉、对行业不了解、在升学和就业中彷徨、在是否选择创业上犹豫、如何面对失恋痛苦等。在熟练使用之后，还可以把它用在今后的生活和工作的方方面面。

第二节 生涯规划相关名词

在学习生涯规划课程之前，需要先了解与生涯相关的术语，主要是：生涯、目标、职业、职业发展、职业生涯、外职业生涯、内职业生涯、职业锚、规划、生涯规划、职业生涯规划。

一、生涯、目标

(一)生涯

《现代汉语词典》中解释为：生涯指从事某种活动或职业的生活。美国国家生涯发展协会将生涯定义为：生涯是个人通过从事工作所创造出的一个有目的、延续一定时间的生活模式。由这个定义可以看到：生涯不是个人随意的、短暂的行为，也并不简单地就是一份工作，它是人们经规划、思考、权衡而创造出来的具有独特个性的一种生活模式。

(二)目标

《现代汉语词典》中解释为：目标指想要达到的境地或标准。目标亦指个人、部门或整个组织所期望的成果。由定义可知,所设定的目标须有现实的"标准"作为参照,来衡量在实际执行过程中目标达成的程度。通常,目标具有精确性、现实性、可实现性、可测量性的特点。

没有目标就永远不能实现目标。就个人的事业发展而言,如美国学者戴维·坎贝尔指出:"目标之所以有用,仅仅是因为它能帮助我们从现在走向未来。"一个人职业上的成败,很大程度上取决于是否确立了适当的职业生涯目标。

二、职业、职业发展

(一)职业

《现代汉语词典》中对"职业"的描述为:个人在社会中所从事的作为主要生活来源的工作。比较专业的定义为:职业是指人们在社会生活中所从事的以获得物质报酬作为自己主要生活来源,并能满足自己精神需求的、在社会分工中具有专门技能的工作,是对特征相同或相似的一类工作的统称。

职业不同于工作,它更倾向于指一种事业。因此,职业问题不是简单的工作问题。就职业一词的本意而论,它至少包括以下四个方面的含义:

第一,与人类的需求和职业结构相关,强调社会分工。

第二,与职业的内在属性相关,强调利用专门的知识和技能。

第三,与社会伦理相关,强调创造物质财富和精神财富,获得合理报酬。

第四,与个人生活相关,强调物质生活来源,并实际满足精神生活。

【问题】

根据以上四点,你能回答"乞丐""小偷"是职业吗?为什么?

(二)职业发展

职业发展是指在自己选定的职业领域里,根据现实环境的变化,在自己能力所及的范围内,逐步成长并取得最好的成绩,达到某种高度。

三、职业生涯

职业生涯是指个体从正式进入职场直到退出职场这段时间内的与工作有关的经历、态度、需求、行为等过程,是一个人的职业经历。

一个人一生中连续从事的职业,不仅包括过去、现在和未来那些可以实际观察到的职业发展过程,而且还包括个人对职业生涯发展的见解和期望。

职业生涯是人一生中最重要的历程,是追求自我实现的重要人生阶段,对人生价值起着决定性作用。同时,职业生涯又是一个动态的过程,一个人一生在职业岗位上所度过的、与工作活动相关的连续经历,并不包含在职业上成功与失败或进步快与慢的含义。不论职位高低,不论成功与否,每个工作着的人都有自己的职业生涯。一个人的职业生涯是一个漫长的过程。他可能遵循传统,一生只从事一种职业,持续而稳定地在此职业岗位上晋升、增值;也可能由于个人兴趣、能力、价值观以及工作环境的变化而经历不同的岗位、职业甚至行业。按照我国相关法律规定,男满60周岁、女满55周岁退休。假如男女生22岁左右大学毕业,那么,男生的职业生涯为38年左右,女生的职业生涯为33年左右。个人职业生涯包括内职业生涯和外职业生涯。

四、内职业生涯

内职业生涯是指从事一项职业时所需具备的知识、观念、心理素质、经验、能力、身体健康、内心感受等因素的组合及其变化过程。

内职业生涯各项因素的取得,可以通过别人的帮助而实现,但主要的还是靠自己努力追求而得以实现。内职业生涯的各构成因素内容一旦取得,别人便不能收回或剥夺。内职业生涯是真正的人力资本所在。所以大学生在入学之后要努力提升自己获取内职业生涯的能力,提高内职业生涯而取得的工作成绩,会转化为外职业生涯。

内职业生涯因素匮乏的人总是担心自己找不到好工作,找到工作后担心下岗名单中会有自己的名字,担心自己的企业被吞并,担心自己不能晋升,担心未来没有保障,担心自己不能胜任。而内职业生涯丰富的人会抓住每一次发展的机会,甚至能主动地为自己、为别人创造发展机会。

五、外职业生涯

外职业生涯是指从事职业时的工作单位、工作地点、工作内容、工作职务与职称、工作环境和工资待遇等因素的组合及其变化过程。

外职业生涯的构成因素通常是由别人或组织认可和给予的,也容易被别人或组织否认和收回。外职业生涯因素可能往往与自己的付出不符,尤其是在职业生涯初期。有的人一生疲于追求外职业生涯的成功,但内心极为痛苦,因为他们往往不了解,外职业生涯发展是以内职业生涯发展为前提条件的。

六、规划、生涯规划、职业生涯规划

(一)规划

《现代汉语词典》中解释为：规划指比较全面的长远的发展计划，也可以认为是对将要做的工作所做的总体计划。

(二)生涯规划

根据以上"生涯""规划"的定义，我们可以这样来定义"生涯规划"，即生涯规划是对个人所从事的学习、工作、娱乐等生活模式进行的长远规划。它涵盖了职业生涯规划，也涵盖了学生时期的规划及退休后的规划。大学生生涯规划指大学期间的规划及毕业后一两年之内的职业生涯规划。

(三)职业生涯规划

职业生涯规划又称职业生涯设计，是指个人与组织相结合，在对一个人职业生涯的主客观条件进行测定、分析、总结的基础上，对自己的兴趣、爱好、能力、特点进行综合分析与权衡，结合时代特点，根据自己的职业倾向，确定适合自己的职业奋斗目标，并为实现这一目标做出行之有效的行动计划。职业生涯规划包括个人对自己进行的个体职业生涯规划，也包括组织对员工进行的职业规划管理体系。职业生涯设计的目的绝不仅是帮助个人按照自己所拥有的个性特征、知识、技能及资历条件找到一份合适的工作，达到与实现个人目标，更重要的是帮助个人真正了解自己，为自己定下事业发展大计，筹划未来，拟定一生的发展方向，根据个人与组织的主客观条件设计出合理且可行的职业生涯发展方向，最终实现员工与组织的发展共赢。职业生涯规划一般包含这几个方面的内容：基本资料、规划目标、可行性分析、综合分析、成功标准、主要差距、职业发展规划方案。

七、职业锚

"锚"是船停泊时用来保持稳定的器具。职业锚实际上就是人们选择和发展自己的职业时所围绕的中心，也即人们由于某种思想原因选中了一种职业，就此"抛锚"、安身。

要想对职业锚提前进行预测是很困难的，这是因为一个人的职业锚是在不断发生着变化的，它实际上是一个不断探索的过程所产生的动态结果。

有些人也许一直都不知道自己的职业锚是什么，直到他们不得不做出某种重大选择的时候。一个人过去的所有工作经历、兴趣、资质、性向等等才会集合成一个富有意义的模式(或职业锚),这个模式(或职业锚)会告诉此人,对他个人来说,到底什么东西是最重要的。

施恩根据自己多年的研究,提出了五种职业锚,随后在1992年又将其拓展为八种职业锚。根据不同的职业锚对职业具有不同的选择,即形成职业生涯的八种方向(表1-1)。

表1-1 职业生涯的八种方向

职业锚类型	价值观
(一)技术或职能型职业锚	这类人强调实际技术或某项职能业务工作,热爱自己的专业技术或职能工作,注重个人专业技能发展,往往不愿意选择那些带有一般管理性质的职业。一般多从事工程技术、营销、财务分析、系统分析、企业计划等工作
(二)管理型职业锚	这类人愿意担负管理责任,且责任越大越好。这类人具备三种能力:一是分析能力,在信息不充分或情况不确定时,判断、分析、解决问题的能力;二是人际能力,影响、监督、领导、应对与控制各级人员的能力;三是情绪控制力,有能力在面对危急事件时,不沮丧、不气馁,并且有能力承担重大的责任,而不被其压垮
(三)创造型职业锚	这类人要求有自主权、管理能力,能施展自己的才华。需要建立完全属于自己的东西,或是以自己名字命名的产品或工艺,或是自己的公司
(四)自主/独立型职业锚	这类人特点是最大限度地摆脱组织约束,追求能施展个人职业能力的工作环境
(五)安全/稳定型职业锚	职业稳定和安全是这一类职业锚雇员的追求、驱动力和价值观
(六)服务型职业锚	服务型职业锚的人追求的核心价值是:追寻帮助他人的机会,改善人们的安全,通过新的产品解决问题
(七)挑战型职业锚	这种类型的人会选择新奇、变化和困难程度高的工作或职业,以战胜各种不可能的事情作为其终极目标。他们喜欢战胜强硬的对手,解决看上去无法解决的问题,克服无法克服的困难障碍等
(八)生活型职业锚	这种类型的人希望将工作和生活整合为一个整体,喜欢允许他们平衡并结合个人、家庭和职业的需要的工作环境。因此,他们需要一个能够提供足够的弹性让他们实现这一目标的职业环境,甚至不惜牺牲职业的另一些方面

第三节 大学生生涯规划的特点

职业生涯规划是一个连续不断的动态过程。人的一生不是一成不变的，人在不断成长，环境在不断改变。自我认知和职业认知的变化，导致每个人的职业生涯都会呈现出阶段性变化的特点。值得注意的是，大学生自身处于其人生中快速成长、成熟阶段，大学生生涯规划具有显著的阶段性特点。从细节来看，新生期（大一入学的第 1 个月）、低年级学生（大一和大二）和高年级（大三）学生的生涯特点就不一样，体现在生理状况、心理水平、知识技能、成熟度、职业能力、综合素质等方面也会有较大的不同。

一、大学期间生涯规划的重点和主要内容

大学生从本质上说就是学生，他们的主要任务就是学习。这是大学生区别于职业人的最大的不同。所以，大学生生涯规划的重点就是学习。同时，我国的大学生们，年龄一般在 18～24 岁之间，处于世界观和生活习惯的形成期。他们一般从中学直接进入大学，缺乏对社会的了解和接触。大学毕业后，大多数学生都步入社会，参加工作。

鉴于此，大学生生涯规划的主要内容应该与职场人的职业生涯规划既有所不同，又有所联系。所以大学生生涯规划至少应该包括大学期间生涯规划和大学毕业后职业生涯（毕业后两年内）规划两部分，加上新生期的特殊情况，我们建议把大学生生涯规划分为新生期规划、低年级规划和高年级规划三个阶段。而低年级生涯规划是大学生学习的重点，其主要内容就是学业规划、成长规划和实践规划。

二、大学生生涯规划与职业人职业生涯规划的区别与联系

大学生生涯规划与职业人职业生涯规划的区别是基于双方的社会角色不同、责任不同、所承担的义务不同所产生的（表 1-2）。

表1-2 学生角色与职业人角色的区别

区别	学生角色	职业人角色
社会责任不同	学好科学文化知识,掌握为社会服务的本领,使自己德、智、体全面发展;大学生是以学习、探索为主要任务;整个角色过程是一个受教育、储备知识、锻炼能力的过程	以特定的身份去履行自己的职责,依靠自己的本领或技能去为社会和他人服务,完成某项工作,通过对工作对象的履行情况来体现的;作为职业人必须适应社会,服从领导和管理,适应上级的管理风格,在工作中犯了错误,必须承担成本和风险的责任,并承担相应的社会责任
社会规范不同	主要反映在国家制订的《大学生行为准则》和各学校制订的《大学生手册》之中,告诉学生怎样做人、如何发展等;因为学生是受教育者,在违反角色规范时,主要还是以教育帮助为主	对职业角色的规范因职业的不同而不同,但是更严格,违背了就要承担一定的责任,甚至法律责任
社会权利不同	接受外界的给予,即接受和输入,主要是要求理解,其角色的权利主要是依法接受教育,并取得经济生活的保证或资助	依法行使职权,开展工作,运用自己的知识和能力,向外界提供自己的劳动,即运用和输出,要求结合实际创造性地发挥水平,并在履行义务的同时取得报酬
面对的环境不同	寝室—教室—图书馆—食堂四点一线的简单而安静的生活方式,单纯而简单的校园文化氛围;学习时间可弹性安排,偶有逃课没人管你,有较长的节假休息日;教学大纲提供清晰的学习目标,学术上多鼓励师生讨论甚至争论;布置作业或工作规定时间完成	面临的社会环境是快速的生活节奏、紧张的工作和加班;规定上下班时间,不能迟到早退,经常加班加点,节假日很少,工作任务急又重;老板通常对讨论不感兴趣,多数老板比较独断;对待职工不一定很公平;一切以经济利益为导向;要实实在在地完成上司或老板交给一件件的具体的工作任务等

(一)大学生生涯规划与职场人职业生涯规划的区别

如上所述,大学生的生涯规划应该以学业规划、成长规划和实践规划为主;而职场人的职业生涯规划则必须以工作规划为主。

(二)大学生生涯规划与职场人职业生涯规划的联系

尽管大学生生涯规划与职场人职业生涯规划存在着不同,但大学生学习的目的就是提升自己的职业能力,为就业做准备的。大多数学生大学毕业后直接走向社会、参加工作。大学生在校期间的生涯实际上就是就业准备阶段,是为自己能够更好地适应社会储备知识、提升能力的阶段。所以大学生职业生涯规划与职场人职业生涯规划既有区别,又有联系。我们主张,大学生在入学之初做好在校期间的生涯规划,好好利用大学期间几年宝贵的时光,为未来的职业发展奠定基础;毕业前夕则要做好自己的职业规划,为迈入职场做好充分准备。有人提出,大学生的生涯规划只能叫做规划而不能叫做职业生涯规划。本书同意这种观点,并把大学生的职业生涯与发展规划称为大学生生涯规划。

(三)大学生生涯规划应该为就业做准备

大学期间的生涯规划要重视学习、成长、实践规划。实际上,学习规划首先要求学生学好自己的专业,其次要求学生要学好职业技能,最后还要掌握学习方法、科研方法、为人处世方法等。而成长规划是帮助学生养成良好的习惯,包括思维习惯、理财习惯、时间管理习惯、建立人脉习惯、交友习惯,特别是形成正确的世界观等;实践规划中重视的是参加社团、社会活动、见习和实习等,主要目的是帮助学生了解社会,并通过这些社会活动了解本专业在社会中的地位和作用以及相关职业技能,巩固学生的专业观,帮助学生树立正确的就业观,找准自己的职业定位,顺利就业。

学生在毕业前夕要参照生涯规划的方法重新认知自我、认知环境,特别是职业环境(包括对国家相关政策、欲就业的行业的背景、发展趋势及企业进行了解),然后做出职业决策,并根据自己确定的目标制订可操作性的规划和行动方案,按照行动方案实施。在实施过程中及时总结、反馈行动结果,再根据行动结果修订目标和行动方案。

有了系统完整的规划并加以实施,大学生们则可以转变就业观念、按照社会需求学好自己的专业、提升自己的就业能力,这样也可以为就业做好充分的准备。

(四)大学生活与职业生涯发展的关系

大学生涯是整个人生的重要阶段,在大学选择某一专业进行学习,是为今后做职业准备,因而大学生涯可称为职业准备阶段,是职业发展的准备期。这是个人职业生涯的起步阶段,是决定能否赢在起点的重要阶段。

三、高职高专学生生涯规划的特点

(一)高职高专教育的特点

高职高专教育是按照职业分类,根据一定职业岗位实际要求,培养生产、建设、管理与社会服务第一线需要的实用型(技术应用型和职业型)人才的一种新型高等教育。这种教育更强调对职业的针对性和职业技能的能力培训,是以社会人才市场需求为导向的就业教育。

(二)高职高专学生的特点

国家教育部高教【2002】2号文件指出:高职高专教育的"目标"是培养拥护党的基本路线,适应生产、建设、管理、服务第一线需要的德、智、体、美等方面全面发展的高等技术应用型专门人才;学生应在具备必备的基础理论和专门知识的基础上,重点掌握从事本专业领域实际工作的基本能力和基本技能,具有良好的职业道德和敬业精神。因此,对高职高专同学来说,诚实、可靠、能吃苦;有教养、懂礼貌;能动手、会做事;有爱好、有特长;专业基本功扎实;拥有多种技能等级证书是我们应该努力达到的规划目标。可用以下人才公式归纳:

高素质、高技能的专门人才=品格+知识+技能+才艺

案例
富士康事件带给高职教育的沉思和选择

大家都知道,2010年年初,深圳发生了震惊世界的富士康事件。7月26日,中国职业技术教育学会副会长俞仲文在有关会议上针对富士康事件发表了一篇演讲,题目是"富士康事件带给高职教育的沉思和选择"。这篇文章对我国当前高职高专人才培养目标分析阐述得更深刻、全面、清晰。他在演讲中说:"富士康公司青年职工连续自杀事件的影响,已远远超出了富士康公司本身,它不仅给政府、企业和国人以极大震撼,也折射出我国作为世界工厂、准确地说是作为世界代工厂的悲哀和无奈。"这一事件充分反映了我国当前工业化的程度和在世界经济一体化中的地位。

为什么这样说呢?为了安抚员工的情绪,富士康公司做出了给员工加薪66%的决定。于是一股加薪潮从珠三角地区开始悄然而起。其结果是:不加薪将有更多的"民工荒"出现,使众多的代工企业难以为继;加薪则有更多的代工企业因为不堪重负而破产,或者迫使它们再转移到劳动力成本更加低廉的地方(包括东南亚各国)去另谋发展,其中包括我们河南郑州等地。

这种两难选择就充分说明了这样一种现状,即:改革开放以来,尽管我国的工业化有了很大的进展,但基本上还处在世界产业链的低端。这种利用我国的廉价劳动力来生产世界品牌、进而营销全世界,而我们只赚取一点代工费的生产方式,直至今天还比比皆是。

这一事件让我们深思:如何才能打破我国处在国际分工产业链中最低端的这一格局?高职院校,尤其是国家示范高职对此应当承担何种责任?

(三) 高职高专学生的杰出代表

当前，我国现代化建设正处于重要时期，转变经济增长方式、调整产业结构、区域发展结构、强化中国创造是我国实现现代化与和平崛起的重要举措。因此，国家要求职业院校要通过本身的技术研发、技术革新多培养出像袁隆平、李登海这样的人才，为中国甚至全球做出贡献。

世界杂交水稻之父袁隆平不是出在科学研究院系统，也不是出在普通本科大学，他是在湖南怀化职业技术学院这块土壤上连续奋斗了 37 年后才成长起来的。

李登海，山东莱州人。初中毕业后回到农村，后来就读山东莱阳农校。1970 年开始从事农业科研至今，研究玉米育种近 37 年，1989 年创造了 1096.29 公斤/亩的世界夏玉米高产纪录，2005 年再次将世界夏玉米高产纪录提高到 1402.86 公斤/亩，是全国当年玉米平均产量（352.49 公斤/亩）的 4 倍。获得 7 项发明专利和 38 项植物新品种权，被称为"中国紧凑型杂交玉米之父"。他与"杂交水稻之父"袁隆平齐名，被种业界誉为"南袁北李"。

(四) 高职高专院校学生就业前途光明

国家建设急需大量高职高专人才。高职专业实用性较强，较能适合社会发展岗位对专业高技能人才的需求，因此社会需求量较大。相比较本科生，高职高专毕业生就业率较高的原因有：

一是高职人才培养目标面向生产一线，容易踏上市场需求的节拍。即专业设置直接面向市场，目标注重岗位需求，人才培养目标和企业用人需求高度吻合；

二是高职院校更注重实习实训，设备齐全、投入多。在培养目标方面重实践、强技能，讲实用，培养出的学生动手能力强，到企业到工作岗位上，马上能上手，企业对新员工培训投入少；

三是高职学生求职心态好，愿意从一线干起，"天之骄子"的架子比本科生少许多，较受企业欢迎。

案 例

一个"蓝领新贵"和一个白领同窗的偶遇

山东有两个青年，一个叫郭垒，一个叫李瑛。两人是初中同学，去年五一长假期间邂逅，然后就叙述各自分别后的经历。

郭垒:1996年初中毕业后上技校(磨具钳工专业),1998年技校毕业后到私营企业工作,每天工作10个小时,工资200元;坚持下来,干得好,转正后月薪1000元。经常加班,工作很累,但努力学技术、考职称,2004年取得高级工职称,被浙江一家乡镇企业高薪聘走,如今月薪6000～7000元。现在郭垒是厂里的技术指导,已经开始带徒弟,工作期间没有放松学习,已拿到本科文凭。

李瑛:1996年初中毕业上高中,1999年参加高考,考取北京一所高校的中文系,2003年大学毕业。由于赶上大学扩招,就业形势不容乐观。第一年就换了两次工作,考公务员又没考上,直到找到中关村附近一家高新技术企业,担任经理助理才算稳定下来。工作也很辛苦,开始时工作每月不到3000元,干了两年后,觉得一天到晚忙忙碌碌也学不到技术,就又跳槽到现在的公司,担任高级公关经理,月薪6000元。

将两人初中毕业后11年间(1996—2007)各自所走过的路进行对比后,李瑛认为,虽然他现在月薪和郭垒不相上下,但以北京和地方的物价差异来衡量,郭垒的待遇还是比他要好一些,何况郭垒已有高级技术职称,也已取得成人本科文凭,郭垒的发展势头还会比他好。

案例

技术无封顶,职教有出路——全国劳模,番禺职业技术学院毕业生黄德智事迹

黄德智,1979年出生,2001年从广东番禺职业技术学院毕业后就进了广州机床厂当了一名普通的操作工。由于爱岗敬业,刻苦钻研技术,成绩突出,他已经由中级工破格晋升为厂里有史以来最年轻的高级技师,分厂技术主管,先后获得全国、广东省、广州市"知识型职工先进个人","全国机械工业劳动模范",全国"五一劳动奖章","全国劳动模范"等光荣称号。当面对来自母校的祝贺时,他动情地说:"过去有人会戴着有色眼镜看职业院校的学生,但我想说的是,在职业院校掌握一技之长,同样能成才,同样能为国家、为社会作贡献。"

专家分析

通过这些案例,你会发现原来这些高级技工的工资并不低,有时候会超过教授、经理。中国的高级技术人才如此奇缺,以至高薪也难以罗致,有些企业为了揽才,为蓝领也会开出天价。这说明,国家对高级技术人才需求量非常大,高级技术人才不仅能在岗位工作中获得较高的薪酬,在未来的职业发展上也有广阔的前景。

(五)高职高专学生生涯规划的特点

- 1.在学业规划方面

高职高专学生在掌握基本理论知识的基础上,还要努力学习各种技能,提高自己的动手能力和创新能力;可以在实践中根据需求作出是否升本的规划。

- 2.在成长规划方面

要提升自己的职业核心能力,重点培养发散思维能力、创新能力、解决问题能力、团队协作能力和自我管理能力,努力提升自己的综合素质。在思想上,要充分认识到读高职也会有光明的前途。

- 3.在实践规划上

要更注重知识和技能的社会实践。注重在校期间的职业体验,把自己塑造成为能够满足社会需求的新一代技术革新能手。

实践证明,人生并非只有一种可能,如果能以更加开放和务实的眼光去正确看待这些可能,也许你将因此成就自己的一生!

第四节 大学生生涯规划的几个关键问题

一、大学生生涯规划要特别注意阶段性特点

根据人的认知水平随着时间、环境的改变而不断改变的现实情况,以及以上我们提出的职业生涯规划是一门方法学课程的观点,大学生不仅要按新生期、低年级、高年级分阶段进行认知和规划,而且在重复以上认知和规划的过程中,更可以熟悉和掌握这种成功方法的运用,使自己真正受益终身。

新生期、低年级和高年级大学生的自我认知是有较大差别的;而在不同的时代、不同的地点、不同的岗位、不同的城市、不同的发展策略和政策背景下,人们的环境认知也不尽相同。正因为制订生涯规划的这两个前提条件都在不断发生变化,所以人们的生涯目标也应随之发生改变。比如,各地限购车、限购房政策的出台,就会导致那些原打算炒房投机的人们必须改变他们的计划,这就是环境改变导致的规划改变。所以,分阶段进行自我认知和环境认知再作出职业生涯规划的过程是必要的。

总之,新生期大学生的认知和规划以适应大学的学习和生活为重点,低年级大学生的认知和规划以学业、成长和实践为重点;高年级大学生则应在经过专业学

习、社会实践,对专业、职业有了初步认识,并掌握了一定的专业技能的基础上,重点对未来的行业及职业做出初步选择和规划。

二、大学生要尽早了解并确定自己的毕业去向

入学之初就必须了解毕业后的几种去向,从中选择或确定某一种去向作为毕业后的基本出路,以及做好自己在校期间的职业生涯规划(表1-3)。

表1-3　大学毕业后的几种基本去向

就业	自主就业	考公务员
		事业单位就业
		国有企业就业
		外资企业就业
		民营企业就业
	政策性就业	到西部、基层工作
		三支一扶
		大学生"村官"
		参军
		带薪见习
深造	专升本	自学考试、成人教育、全日制教育
		网络教育
	留学	欧美
		日韩
		澳洲
		其他
创业	个人创业	创办研发型企业
		创办服务型企业
		创办生产型企业
		创办商业性企业
	合作创业	创办研发型企业
		创办服务型企业
		创办生产型企业
		创办商业性企业

三、制订生涯规划时要遵循 80/20 法则

80/20 法则，又称为帕累托法则、帕累托定律、最省力法则或不平衡原则、犹太法则，由意大利经济学家帕累托提出。

80/20 法则认为：原因和结果、投入和产出、努力和报酬之间本来就存在着无法解释的不平衡，80％的产出源自 20％的投入；80％的结论源自 20％的起因；80％的收获源自 20％的努力。也就是说：80％的多数，只能造成 20％的少许的影响；20％的少数，造成主要的、重大的 80％多数的影响。

80/20 法则其实是很多事物间普遍存在的一种规律。例如，世界上大约 80％的资源是由世界上 15％的人口所耗尽的；世界财富的 80％为 25％的人所拥有；在一个国家的医疗体系中，20％的人口与 20％的疾病，会消耗 80％的医疗资源。

在大学生做自己的职业生涯规划时，也应该尽量遵守这个法则。我们应该学会关注偶发事件，学会高效管理。

我们通常需要关注 80％的事件，这些事件是常规的、基本可预测的；而在特殊情况下，我们应该特别关注那些未被规划的、意料之外的 20％事件（有人称其为偶发事件），并且随时对值得关注的、未曾预料的事件及时作出规划的调整。这些偶发的、20％的事件极有可能影响你的一生。我们在做职业生涯规划时也要以自己的个人特点、所处环境背景、兴趣和专业为依据，发挥自身的优势，用 20％的时间达成 80％的目标；同时，对某些重要的 20％的关键性事件，要投入我们 80％的时间和精力。

我们知道，无数伟大的科学发现都是在偶然之中得到的。放射性物质的发现和青霉素的发现都是科学家对意外事件关注的结果。所以，我们要针对突然出现的、未被规划的事件做出及时的反应，并适时地调整自己的规划，而不能拘泥于规划而不知调整。

归纳起来，80/20 法则在生涯规划中的作用体现在以下三方面：

(1) 在制订生涯规划时，只能规划 80％的时间，而 20％的时间不能规划。

(2) 在规划内容时，只能对平时经常出现的 80％事件（工作或学习、生活等）规划，剩余 20％的事件无法规划。

(3) 一旦出现未被规划的事件（有人称为偶发事件），必要时要投入 80％的时间或精力去对待，它有可能影响你的一生。

案例

喷气发动机是1939年试制成功的。当时工程师们为了增加发动机的推力,就在喷气发动机的后面加了一个后燃烧室。但高空风速很高,后燃烧室内火焰不稳定,极易熄灭。1942年德国人与苏联人发明了一种V形火焰稳定器。尽管它对火焰有一定的稳定作用,但却存在阻力大、稳定性差,有时还容易产生发动机旋涡脱落等问题。此后的研究都仅仅着眼于V形槽的开口角度、开口的多少、前后位置等的改进上,在其他方面都没有决定性的突破。

20世纪80年代初,北京航空航天大学博士研究生、年仅33岁的高歌,在他的导师宁教授的指导帮助下,发明了沙丘驻涡火焰稳定器,解决了喷气发动机问世40多年来燃烧火焰不稳定这个关键技术问题。从理论和实践上填补了国际航空界长期存在的空白。这一发明在国际上居领先地位,被评价为"是一个很大的技术突破,是一个很有价值的、重大的发明",因此获得了1984年"国家发明一等奖"。

而沙丘驻涡火焰稳定器的发明,却得益于高歌在青海的经历。高歌在青海工作期间,看到形形色色的沙丘,其中月牙形的沙丘不论风怎么吹,都不变形、不移动,稳定性特别强。受到月牙形沙丘旋涡规律的启发,高歌在北京航空航天大学当研究生之后,便致力于从事沙丘驻涡火焰稳定器的研究。

研究工作并不轻松。研究期间,他白天黑夜都在思考如何解决问题。在利用椭圆形偏微积分方程时,高歌简直着了魔。有次晚上刷牙,脑子里莫名地蹦出一个概念,高歌赶快跑进屋记下来。这样经过两个多月,终于解决了计算黏流的问题。自己的推测过了计算一关,但当时的研究现状不容乐观,很多人都不愿意做。高歌反复验证数据,希望给自己的研究求得理论上的支持。思考了好长时间,后来有一天晚上,睡着了,他做梦,梦见有人对他说:"你推的这个稳定性界限虽然比别人的复杂,但也只有一个界限,实际上什么事情都有两个极端,就好像你吃多了要撑死,吃少了要饿死,你怎么能只有一个稳定准则呢?"他一下子就惊醒了,赶忙在墙上用手抠了两条道,那意思就说应该有两个准则。经过"计算—实验"几次反复过程后,进行火焰实验,发现这种火焰稳定器非常稳定,比过去的V形槽稳定器扩大稳定性6~8倍。过去搞了几十年,能扩大10%、20%的稳定性就不错了,但新的稳定器一开始做实验得到的稳定曲线就比V形槽的扩大6倍多。这样,经过从1981年开始做实验,1982年做高空模拟实验,1982—1983年初做发动机的整机实验,1984年进行高空试飞最后定型开始实际应用,经过四年多时间,终于完成了这项钱学森同志称之为"一项长中国人志气的重要发明"。

四、要正确认识规划与创新的关系，摆正规划与创新的位置

近年来，教育部特别强调创新创业教育，实际上也就是要大学生们学习求异性、创新性的思维。常态的事件是可以规划的，而非常态的事件是无法规划的。人的一生就处于常规变化和非常规变化的环境之中，对常规的事物可以进行规划，对非常规的事物则必须有所创新。创新性思维要求大家有一种批判性的眼光，要敢于对经典的、传统的观点提出质疑。在生涯规划过程中，不仅要在做规划时注意有所创新，而且要对规划的内容及时进行合理的调整。

【拓展练习】

1.你希望学习了职业生涯规划之后，在哪方面可以帮助和提升自我？

_____

_____

2.你为什么上大学？你希望在大学里实现哪些目标？现在就畅想一下，将你对大学的期望写出来吧。

序号	目标	实施时间	与目的差距	实施计划
1				
2				
3				
4				
5				
6				

第二章
生涯规划的前提条件之一——自我认知

学习目标▶▶▶

1. 了解自我认知的内容,树立"完整我"的概念。从"生理我""心理我""道德我""社会我""家庭我""优势我"之中发现自己的价值、优势和不足。
2. 熟悉自我认知的方法,正确看待测评结果。
3. 掌握分阶段进行自我认知的内容和方法,以便于更好地规划自己。

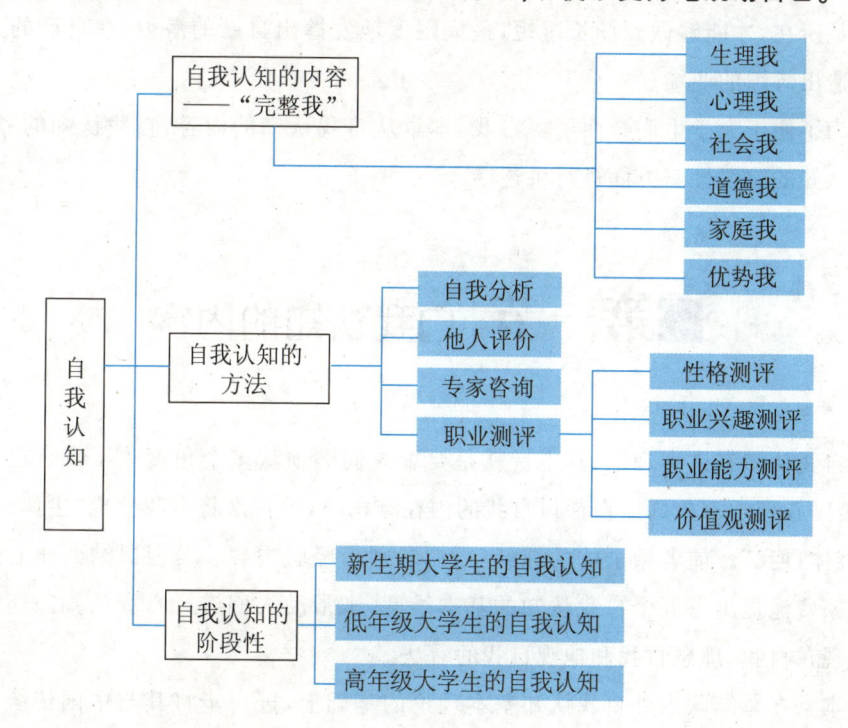

```
                          ┌── 生理我
                          ├── 心理我
         自我认知的内容    ├── 社会我
         ──"完整我"       ├── 道德我
                          ├── 家庭我
                          └── 优势我

                          ┌── 自我分析
                          ├── 他人评价
自我      自我认知的       ├── 专家咨询
认知      方法             └── 职业测评 ┬── 性格测评
                                        ├── 职业兴趣测评
                                        ├── 职业能力测评
                                        └── 价值观测评

                          ┌── 新生期大学生的自我认知
         自我认知的       ├── 低年级大学生的自我认知
         阶段性           └── 高年级大学生的自我认知
```

=== 案 例 ===

最近一个月来,小李很烦闷,原因是他不知道怎么过大学生活了。他是一个普通高校大二社会学专业的学生,经历了一年的大学生活之后,他不知道自己下一步要前往何方了。虽说大一这年他没少放松自己,认识了不少人,游玩了不少地方,但现在却感觉到一切都是机械地重复。上课、吃饭、玩、看书,成了他每天生活中不变的"四部曲"了。看到其他同学各有所忙,可自己就是不知道要做什么,一切似乎很熟悉,但一切又让他感到很陌生。

专家分析

小李的烦恼也是很多大学生的烦恼:无意识地安排大学生活,无目的地追求美好生活,是很多大学生的状态。不知道自己要做什么,也不知道自己不要做什么;不知道自己喜欢什么,也不知道自己不喜欢什么;不知道自己想要什么,也不知道自己不想要什么;这看似矛盾的生活却实实在在地发生在大学生身上。

著名成功学大师拿破仑·希尔说:"一切的成就,一切的财富,都是始于自我认知。"所以,自我认知是做好生涯规划的两个重要前提之一。一个人只有真正了解了自我,了解了自己的家庭责任和社会责任、自己的兴趣、自己的能力、自己的优势和不足所在,才能够做到扬长避短,最大限度地发挥出自己的潜力,在自己的人生中创造出辉煌的业绩。

为了便于大学生们全面了解自我,本章从自我认知的内容、自我认知的方法、自我认知的阶段性三方面进行讲述。

第一节 自我认知的内容

自我认知有许多理论,其主旨就是要求人们必须从多个角度去了解自己。比如,美国心理学家詹姆斯在探讨自我的内在结构时,曾首次将自我分成"主体自我"和"客体自我"。前者指个体的纯经验,后者则指经验内容。美国田纳西州心理治疗专家费池提出了五个自我认知的基本维度,来帮助人们进行自我认知。还有人提出现在自我、理想自我和他观自我的看法。

本书在总结国内外自我认知基本理论的基础上,进一步将其与中国传统哲学思想、传统文化相结合,提出"完整我"的概念。"完整我"包含了"生理我""心理我""社会我""道德我""家庭我""优势我"等多方面自我认知的内容,以便能更好地帮助同学们认识自己。见图 2-1。

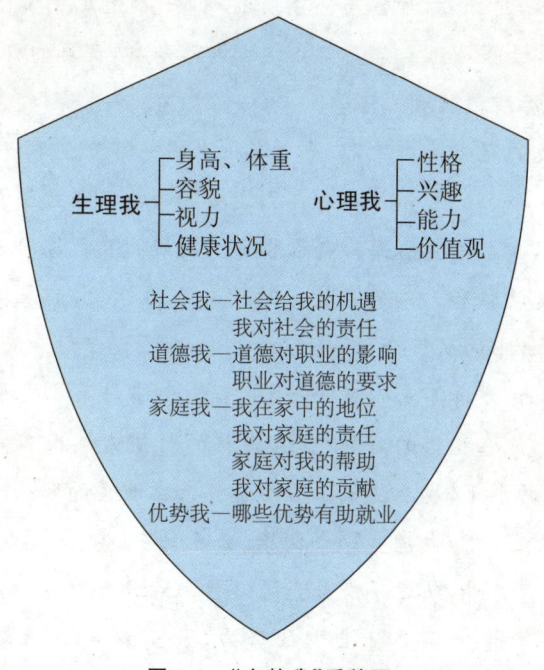

```
生理我 ─┬─ 身高、体重        心理我 ─┬─ 性格
        ├─ 容貌                      ├─ 兴趣
        ├─ 视力                      ├─ 能力
        └─ 健康状况                  └─ 价值观

社会我 ─ 社会给我的机遇
         我对社会的责任
道德我 ─ 道德对职业的影响
         职业对道德的要求
家庭我 ─ 我在家中的地位
         我对家庭的责任
         家庭对我的帮助
         我对家庭的贡献
优势我 ─ 哪些优势有助就业
```

图 2-1 "完整我"盾牌图

一、"生理我"——了解我的身体状况

"生理我"又称"生理自我",是一个人对自己的身体、健康状况、外貌、动作技能等方面的感受,包括身高、体重、视力、体力、相貌等可以量化或直观得到的指标。通俗一点说,就是个人对自身生理情况的认知程度。

"生理我"是非常基本的一种自我概念,对个人的适应能力与未来发展都有重要的影响。正确认知"生理我",理性面对自己的生理特点,根据"生理我"来选择自己能够适应的工作是很重要的。比如,身高可能成为某个行业入门的门槛,色盲或色弱不能从事某些岗位工作,身体有传染病的人不能从事医疗、饮食、食品生产行业等,身体差的人不能胜任强体力劳动的工作岗位等,长相可能成为某些职业(如空姐、护士)的任职条件等。一个人如果在生理上达不到岗位任职条件而他非要去这些岗位,那不是给自己出难题?所以应该根据"生理我"来选择职业。

案 例

我的身体、健康状况相比同年龄阶段的人来说应该是有优势的。同时,又因为自己是一个篮球爱好者,时常与同学打打球,一般是几年都不生一次病,偶尔伤风感冒,也无需就医即可自愈。单从这一方面来看,良好的身体状态是提高我的学习成绩和生活质量的有力保障。

对于外貌,我的观点是:"貌,只是个人很小的一部分。"不以貌取人是我的原则。客观来说,一个人的长相并不是自己能决定的,"东施效颦"只是一种极度自卑的表现。当然,我也不赞同因为自己长了一副好面孔就像骄傲的孔雀一样,不知如何走路,那是幼稚和无知的表现。对于自己的外貌,如果满分是十分的话,我给自己打一个折中的认可分:五分。

动作技能方面,我算不上心灵手巧,也不能表演好莱坞电影里的惊险特技,但还算四肢灵便,能在吃饭的时候吃饭,走路的时候走路。其实,我的身体素质只是一个平常人的水平,我无法找个运动员或杂技演员的职业。

从这一维度来分析,我拥有一个健康、正面的"生理我",具备成功人士必备的基本身体条件。另外,从近年来社会的趋势来看,"生理我"的影响力相对在减少。每个人只要有能力,再加上自身的努力,很容易跳出"生理我"(如美貌、健全、残障)的局限圈,取得属于自己的成功。

这是一位同学的"生理我"分析。现在每一位新生同学也可以按照(表2-1)进行"生理我"的认知。大学生处于身体成长发育期,大一的"我"和大三即将毕业的"我"在身体上会有很大的改变,这些改变有时会影响一个人的择业,如进校时的小个子在毕业时突然变成一个大汉了,这使原本身高不符合招聘标准的"我"在生理上有了应聘的基本条件。因此,有必要进行阶段性的"生理我"认知。"生理我"一般应该认知以下内容:

"生理我"的认知是客观的、简便的,也是十分必要的。对某些行业来说,生理设限已经成为基本的应聘标准之一。而如果你想创业,良好的健康状况更是必备的条件之一。所以,身体羸弱的同学在入学后要加强体育锻炼,把身体养得棒棒的;那些盲目减肥的同学,也不要过于追求"苗条美",正确认识自己的生理条件;身体不便的学生,要正视自己的不足,找出自身的优势和长处,发挥自己的优势。这样取长补短,同样能在社会中贡献自己的价值,促进自身发展,赢得社会的尊重。当前,政府和社会力量非常关注弱势大学生就业创业情况,并联合企业、单位共同努力为残疾大学生提供公平合适的工作环境。我们大学生只有正确地认识自己,才能在面对可能的机遇时不会错过,实现精彩人生。

表 2-1 "生理我"的自我分析

内容	结果
性别	
年龄	
身高	
体重	
视力	
健康状况	
体力	
有无传染病	
容貌	
有无特长(如手指长、腿长,耐力好、善短跑等)	

这里要特别提醒大学生们,要愉悦地接纳自我,正确地认识自我,不管长相是美是丑,都要接受这个事实。我们不能靠长相吃饭时,就要靠自己的努力,所以应该感谢父母给了我们努力的机会;长相俊俏的同学,也应牢记不能靠天生丽质而放弃努力,否则会耽误自己的前程。如果在这一方面处理不好,则"生理我"可在一定程度上影响到"心理我"的发展,进而影响一个人的职业生涯。

案例

"无肢勇士"

尼克·胡哲(尼克·武伊契奇)生于澳大利亚,天生没有四肢,这种罕见的现象医学上取名"海豹肢症",但更不可思议的是,骑马、打鼓、游泳、足球,尼克样样皆能,在他看来没有难成的事。他拥有两个大学学位,现在是一名企业总监,更于2005年获得"杰出澳洲青年奖"。他为人乐观幽默、坚毅不屈,热爱鼓励身边的人,年仅32岁他已踏遍世界各地,接触逾百万人,激励和启发他们的人生。

尼克的双亲一直鼓励他学会战胜困难,他也逐渐交到了朋友。直到13岁那年,尼克看到一篇刊登在报纸上的文章,介绍了一名残疾人自强不息,给自己设定一系列伟大目标并完成的故事。他受到启发,决定把帮助他人作为人生目标。

经过长期训练,残缺的左"脚"成了尼克的好帮手,它不仅帮助他保持身体平衡,还可以帮助他踢球、打字。当他要写字或取物时,也是用两个脚趾头夹着笔或其他物体。"我管它叫'小鸡腿',我呆在水里时可以漂起来,因为我身体的80%是肺,'小鸡腿'则像是推进器。"尼克开玩笑地说。

游泳并不是尼克唯一的体育运动,他对滑板、足球也很在行,他还能打高尔夫球。他先看射击的方向然后在击球时,用下巴和左肩夹紧特制球杆,然后击打,并击打成功。尼克在美国夏威夷学会了冲浪。他甚至掌握了在冲浪板上360度旋转这样的超高难度动作。由于这个动作属首创,他完成旋转的照片还刊登在了《冲浪》杂志封面。"我的重心非常低,所以可以很好地掌握平衡。"他平静地说。

专家分析

美和丑是相对的,长相是无法选择的。一个人生存的根本还在于他的内在本质,青春和美丽都是暂时的,而内心的美才是永恒的。

小知识贴士

乙肝指标在入学、就业方面的政策调整

乙肝五项一贯以来都是小孩入托、入学、就业必须检测的指标。2010年2月10日,人力资源与社会保障部、教育部、卫生部联合发布《关于进一步规范入学和就业体检项目维护乙肝表面抗原携带者入学和就业权利的通知》,规定从学生入托到企业招聘,不得要求开展乙肝项目检测。这维护了众多的乙肝表面抗原携带者的权益。

但是,就某些行业或者职业而言,对乙肝表面抗原携带者还是有不予录用的规定。卫生部2011年2月17日发布了"已核准的乙肝表面抗原携带者不得从事的职业的说明",其中称,根据人力资源与社会保障部发布的《公务员体检特殊标准(试行)》:"乙肝病原携带者,特警职位,不合格。"此外,民航招收飞行学生体检可以保留鉴定乙肝项目检测。血站从事采血、血液成分制备、供血等业务工作的员工也不得招收乙肝病原携带者。

二、"心理我"——探究我的内心世界

"心理我"又称"心理自我",是一个人对个人价值与能力的评价。站在职业生涯规划的角度来说,拥有一个良好的"心理我"是相当重要的。许多心理学实验都显示:个人对自我能力的评估会影响到他所设定的目标的水准,进而使人产生截然不同的发展结果。

"心理我"可以通过各种测评工具来检测。"心理我"的内容包括兴趣、性格、能力、价值观等,这些与一个人的职业发展有密切的联系。

例如,小李写作能力很强,但数学能力却平平;小王在唱歌方面有特长,但抽象推理能力较差。如果他们能够很清楚地认识自己的能力,那么在职业规划方面,小李可能就会信心饱满地成为一名优秀记者或者作家,而小王则成为一名歌唱家。

因此,我们应当充分了解自己的兴趣、性格、价值观及各种能力的优劣。

(一)兴趣

兴趣是人们力求认识和掌握某种事物,并经常参与该活动的心理倾向。兴趣是最好的老师,可以充分调动人的潜能,提高工作效率,发挥自己的才干;兴趣是保证职业稳定性和工作满意度的重要因素;兴趣是职业选择的一个最重要的依据。

- 1.兴趣与职业生涯规划的关系

从心理学角度来说,在职业选择时,首先需要了解自己的兴趣。比如,有的人喜欢操作,靠他灵巧的双手,在技能操作领域得心应手,如果你硬要把他的兴趣转移到书本的理论上来,他就会感到无用武之地。有的人动手能力差,但是喜欢钻研理论知识。这种兴趣上的差异就构成了职业选择的重要依据。

(1)兴趣可使人的智力潜能得到充分发挥。当一个人对某种事物发生兴趣时,就能调动起整个人的积极性,积极探索,增强克服困难的意志,反之,"牛不喝水强按头"是不会取得好效果的。

例如:爱迪生在学校里被人骂为"傻瓜""低能儿"而被勒令退学,但在发明的王国里却显示了超人的才华;达尔文在课堂上"智力平平",而在大自然的怀抱里却显得异常聪明、敏锐,成为进化论的创始人、伟大的生物学家。

(2)兴趣可以提高人的工作效率。一个人对某项工作感兴趣时,枯燥的工作也变

得丰富多彩,趣味无穷。兴趣使工作不再是一种负担,而是一种享受。兴趣可以调动你的全部精力高度集中,从而提高效率。据研究,如果一个人对某项工作有兴趣,则能发挥他全部才能的80%~90%,并且长时间保持高效率工作而不感疲倦;而对工作没有兴趣的人,只能发挥其全部才能的20%~30%,也容易筋疲力尽。

(3)兴趣是事业成功的重要因素。许多成功人士都有着惊人的相似之处,就是对自己感兴趣的事非常执著,一旦认定,什么都不能改变,全身心投入,一味追求。这是成功的有力保证。一个人如果选择了自己不感兴趣的职业,不仅压抑才能,还会很痛苦。所以,你选择职业不要仅看工资多少,城市怎么样,最主要的还要看你是否有兴趣。

- **2. 职业兴趣**

职业兴趣反映了职业(工作活动)特点和个体特点之间的匹配关系,是人们职业规划的重要依据和指南。职业兴趣测验正是用于了解这两方面特点之间的匹配关系,从而为实现"恰当的人从事恰当的工作"提供可靠的科学依据。常用的职业兴趣测试工具是霍兰德职业兴趣测评系统。

兴趣是可以培养的,兴趣也是可以随着对该事物的认知的增加而发生改变的。所以,对一门新的学科或者专业,首先应该是去了解它,尽量找出与你的兴趣相关的、吸引你眼球的地方,然后培养对它的兴趣。许多同学入学后对自己的专业不喜欢,没有兴趣,实际上是对专业不了解。鉴于中国高校专业选择的特点,大学新生应该尽量地去了解自己的专业,找到值得你热爱的地方,培养自己的兴趣,这样才能在专业学习上获得动力、取得成功。

案 例

有位学新闻学的大专生,毕业后专升本读的管理学,取得学士学位,后来因为工作的需要,从事了就业指导工作,并且一干就是十余年。在这一行里,他找到并培养了自我的兴趣,成为这一行里的佼佼者。

专家分析

案例中,这位新闻学、管理学专业的毕业生,在读书阶段从来没有对职业生涯与就业指导发生过兴趣,但在工作中,通过对这项工作了解和认识,逐渐对其产生了兴趣,成为了行业的顶尖人物。

(二)性格

性格是人对现实的态度和行为方式中比较稳定的心理特征的总和。职业性格是一个人对职业的稳定态度和在职业活动中习惯化了的行为方式所表现出来的个性心理特征,对个人的职业生涯规划有重要意义。

每个人都有自己的独特的个性。每个人的心理特征不同,看问题、处理事情的风格、方式也不同。有的人热情爽朗,有的人沉稳持重,有的人风风火火,有的人谨慎多疑……但"金无足赤,人无完人",一个人在某方面有所不足,其他方面必有过人之处,说不定就是他制胜的法宝。

• 1.性格与职业息息相关

　　性格使一个人更加偏爱某一种而非另一种环境。由于性格的不同,每个人在对不同环境的认知过程中,也表现出不同的个性化风格。从事与自己的性格不匹配的工作,个人的才能就会受到阻碍,会让你觉得整个工作状态都很不佳。使一个人在某种职业中获得成功的性格,可能会让其在另一职业中大受挫折。因此在职业选择中,我们应尽可能充分考虑自己的个性特征与职业要求是否相适应,这样在工作中就能够满足你的独特欲望,能够发挥你特有的能力,还能利用你的个人资本,体验到更多的快乐和愉悦。

【拓展练习】

　　你在一张纸上或是书页边上,签上自己的姓名。然后换一只手再签一次。

　　分析:如果你感到别扭,那就对了,因为大多数人在第一次签名后会说"很自然""简单""很快""毫不费劲"。然而当你换用另一只手时又如何呢?一些经典的回答有"很慢""别扭""困难""发酸""很累""要花很长时间""花费更多精力和心思"。

　　手的习惯很好地说明,找到与性格匹配的职业的重要性。使用你惯用的那只手时,你会感到舒适和自信;若强迫你使用另一只手,这当然可以拓展你的能力,但却绝不会像先前那样灵活自如,收到的效果当然也就不那么令人满意了。

• 2.在职业发展上性格的重要性

　　有专业人士认为,在职业发展上,性格比能力重要。某些用人单位在选择人才时也越来越看重一个人的性格。如果一个人能力不足,可通过培训提高,一年不行,两年;两年不行,三年,总可以开发出来。但一个人的性格与职业或岗位不吻合,要改变起来,可就困难了。所以,企业在招聘新人时,将性格的测验放在首位,当性格与职业或岗位吻合了,才对其能力进行测验考察。如果性格与职业或岗位不吻合,则可能影响他的职业发展,企业就会考虑是否录用。所以,性格在相关的职业发展上起着至关重要的作用。

• 3.性格无所谓好坏

　　职业心理学的研究表明,不同的职业需要具有不同性格的从业者,某一类职业工作能够体现出某一类共同的职业性格。性格常用的测试工具有:MBTI 测评、PDP、16 型人格测试等。

　　要提醒大家注意的是:"江山易改,本性难移。"这句话虽然形容的是性格的稳定性,但不少事实证明,一个人的性格也处于动态变化之中。一个所谓内向的人,在他面对熟悉的环境或者话题之时,可以口若悬河、滔滔不绝;一个外向的人,则很可能在面对陌生的环境,特别是陌生的话题时表现得相对无语。在一个人一生中,性格也会在特定的环境下发生改变。大学生们应该灵活地看待性格,不要机械、刻板地看待它。

> **小链接**
>
> ### 气质
>
> 一般来说,根据感受性、耐受性、反应的敏锐性、可塑性、情绪的兴奋性和指向性的不同组合,可以把气质分为四种类型(表 2-2):多血质、胆汁质、黏液质和抑郁质。气质使人在心理活动和行为方式上具有独特的色彩,并且会影响人们的心理和行为的特点、方式和效率,所以每种气质类型都具有较为适应的职业范围:
>
> 表 2-2　四种气质类型
>
> | 气质类型 | 类型特征 | 可能适应的职业 |
> | --- | --- | --- |
> | 多血质 | 思维灵活、反应迅速,好交际、敏感,但易变、浮躁、不稳重 | 比较适合做社交性、文艺性、多样化、要求反应敏捷且均衡的工作,而不太适合做需要细心钻研的工作。他们可以从事的职业范围很广,如外交人员、管理人员、驾驶员、医生、律师、运动员、新闻记者、冒险家、服务员、侦察员、警察、演员等 |
> | 胆汁质 | 直率热情、精力旺盛,但失之鲁莽、易于冲动,准确性差 | 较适合做反应迅速、动作有力、应急性强、危险性较大、难度较高而费力的工作。他们可以成为出色的导游员、勘探工作者、推销员、节目主持人、演讲者、外事接待人员等,但不适宜从事稳重、细致的工作 |
> | 黏液质 | 安静沉稳、自制忍耐,但反应迟缓、朝气不足 | 较适合做有条不紊、刻板平静、耐受性较高的工作,而不太适宜从事激烈多变的工作。可以从事的职业有外科医生、法官、管理人员、出纳员、会计、调解员等 |
> | 抑郁质 | 细腻深刻、踏实细致,但多愁善感、孤僻迟缓 | 抑郁质的人能够兢兢业业地工作,适合从事持久细致的工作,如技术员、打字员、排版工、检查员、化验员、刺绣雕刻工、机要秘书、保管员等,而不适合做要求反应灵敏、处理果断的工作 |
>
> 由上表可知,大学生在进行职业生涯规划的时候,必须了解气质对心理和行为的影响,并认识自己的气质类型,努力做到气质与职业相互匹配。

需要特别提醒的是人的气质类型与高级神经活动过程有关,是由先天的遗传因素所决定的。因此一个人的气质是不能改变的,个人在进行职业生涯规划和职业生涯发展的时候,气质与职业的匹配就只能让职业适应气质了。

(三)能力

能力指顺利完成某一活动所必需的主观条件。能力是直接影响活动效率,并使活动顺利完成的个性心理特征。能力总是和人完成一定的活动相联系在一起的。离开了具体活动既不能表现人的能力,也不能发展人的能力。

- 1.能力类型

能力包含以下几种类型:

(1)一般能力和特殊能力。一般能力是指观察、记忆、思维、想象等能力,通常也叫智力。它是人们完成任何活动所不可缺少的,是能力中最主要又最一般的部分。特殊能力是指人们从事特殊职业或专业需要的能力。例如学音乐所需要的听觉表象能力。人们从事任何一项专业性活动既需要一般能力,也需要特殊能力。二者的发展也是相互促进的。

(2)流体能力和晶体能力。流体能力是以学得的经验为基础的认知能力,如语言文字能力、判断力、联想力等,是基本心理过程的能力,它随年龄的衰老而减退。与流体能力相对应,晶体能力受后天的经验影响较大,主要表现为运用已有知识和技能去吸收新知识和解决新问题的能力。晶体能力在人的一生中一直在发展,它与教育、文化有关,并不因年龄增长而降低,只是某些技能在新的社会条件下变得无用了,它发展的速度在25岁以后渐趋平缓。

(3)模仿能力和创造能力。模仿能力指通过观察别人的行为、活动来学习各种知识,然后以相同的方式做出反应的能力。而创造力则是指产生新思想和新产品的能力。

(4)认知能力、操作能力和社交能力。能力按照它的功能划分为认知能力、操作能力和社交能力。

认知能力:指接收、加工、储存和应用信息的能力。它是人们成功地完成活动所需要的最重要的心理条件。知觉、记忆、注意、思维和想象的能力都被认为是认知能力。美国心理学家加涅提出三种认知能力:即言语信息(回答世界是什么的问题的能力)、智慧技能(回答为什么和怎么办的问题的能力)和认知策略(有意识地调节与监控自己的认知加工过程的能力)。

操作能力:指操纵、制作和运动的能力。劳动能力、艺术表现能力、体育运动能力、实验操作能力等都被认为是操作能力。它是在操作技能的基础上发展起来,又成为顺利地掌握操作技能的重要条件。

认知能力和操作能力紧密地联系着。认知能力中必然有操作能力,操作能力中也一定有认知能力。

社交能力:指人们在社会交往活动中所表现出来的能力。组织管理能力、言语感染能力等都被认为是社交能力。社交能力中包含有认知能力和操作能力。

- 2.潜能

潜能,是一个人的潜在的能力和能量。在现有教育阶段,学校考察学生的主要是两个方面的能力:逻辑思维能力和语言能力。而事实上人的潜能是多方面的,如人际沟通能力、领导管理能力、艺术创造能力、形态知觉能力等,这些在考试中很难体现出来,而这些能力又往往对于一个人的成功非常重要。

对于每个人来说,能力发展是不均衡的,潜能也不均衡。每个人各有其特点,发挥自己潜能的前提是认识自己的潜能。这里我们给出潜能发展方向对比表(表2-3),来帮助同学发现自己有哪方面的潜能。

表 2-3　潜能发展方向对比

潜能种类	相关解释	相关经历	你具备吗
创造潜能	指人们应用新颖的方式解决问题,并能产生新的、有价值的事物的潜能	创造性不只是可以画一幅画或者会使用一种工具。做一顿晚餐是创造,侍弄花园也是创造,考虑如何让足球队战胜对手也是创造	
社会潜能	社会潜能可以理解为组织能力,也可以理解为调动别人的积极性的能力	聚会时喜欢带头组织;喜欢观察别人的特点;判断事物比较准确;有较强的记忆力;不怕工作重担,勇于承担责任;有较强的交际及沟通技巧;有广泛的兴趣爱好;等等	
精神潜能	精神智慧的人,不会只看到利益的东西。这种人不仅仅是聪明,而是明智	个人的价值观是你的行动动力;会对自然产生灵感;会享受到阳光的照射和鸟儿的歌唱;会发现儿童天真的本质并感受到什么是健康;等等	

续表

潜能种类	相关解释	相关经历	你具备吗
身体潜能	这是一个人成功最基本的潜能,拥有健康的身体才能拥有健康的心理,身体是革命的本钱	身体可以抵御一般的传染病;感觉很敏锐;精力很充沛;身体和大脑都很放松;比较有耐力;行为姿势比较优雅;等等	
感觉潜能	感觉的心理学定义:是刺激作用于感觉器官,经过神经系统的信息加工所产生的对该刺激物个别属性的反应。其潜能可理解为相关感觉的潜在能力	有较强的视力;有较强的听力;有灵敏的嗅觉;有灵敏的味觉等等。感觉潜能往往不是同时被挖掘,而是此消彼长,例如盲人的听力就会异常灵敏,这一点在认识感觉潜能中需要注意	
计算潜能	许多人认为,计算能力是一种天生的能力,这种看法是错误的。其实每个人都具备计算能力并且这种能力需要被激发	对数字很敏感;口算能力很强;数学抽象划归能力很强;等等	
空间潜能	空间潜能就是看地图、组合各种形式以及使自己的身体正确通过空间的潜在能力	有较强的方向感;骑自行车很容易穿行于狭窄拥挤的通道;身体灵活;看图能力较强;等等	
文字表达潜能	是运用语言文字阐明自己的观点、意见或抒发思想、感情的潜在能力,是将自己的实践经验和决策思想,运用文字表达方式,使其系统化、科学化、条理化的一种潜在能力	爱看书;爱记单词;有做读书笔记的习惯;有记日记的习惯;等等	

我们应当树立这样的信念:人人都有巨大的潜能,人人都能成功。现阶段,大学生的任务就是认知自己,发现自己的能力并找到自己可以挖掘的潜能在哪里,并坚定不移地去挖掘它。

有这样两个故事,彰显了潜能巨大的力量。

案例1

困扰数学界20多年的国际数学难题"西塔潘猜想",这是由英国数理逻辑学家西塔潘于上个世纪90年代提出的一个猜想,20多年来许多研究者一直努力都没有解决。

有一天,刘路突然想到利用之前用到的一个方法稍作修改便可以证明这一结论,连夜将这一证明写出来,投给了数理逻辑国际权威杂志《符号逻辑杂志》,署名刘嘉忆。

稿件投出后,《符号逻辑杂志》的主编,也是国际逻辑学知名专家、芝加哥大学数学系教授邓尼斯·汉斯杰弗德写信给予高度称赞,"我是过去众多研究该问题而无果者之一,你给出的如此漂亮的证明,请接受我对你令人赞叹的惊奇的成果的祝贺!"

论文审稿人、芝加哥大学博士达米尔·扎法洛夫也认为,这是一个重要的结果,过去20多年许多著名科研者都在进行努力。该问题的研究促进了反推数学和计算性理论方面的研究。

美国芝加哥大学数理逻辑学术会议上,22岁的刘路受到邀请,作为亚洲高校唯一一位代表在会上作了40分钟报告。

校长黄伯云了解此事后,亲自批示刘路硕博连读。与此同时,为让刘路能够提早读研,中南大学邀请了中国科学院三位院士,向教育部写信推荐请予破格录取,建议采取特殊措施,加强对刘路学术方面培养。在得知中国大学生刘路受到国际数学界的高度认可后,三位中国科学院院士、著名数学家李邦河、丁夏畦、林群毫不犹豫地接受了中南大学的请求,向教育部写了"破格录取"推荐信。

案例2

著名的戏剧表演家小白玉霜,初出茅庐时只是个不起眼的小角色。一次她的师父意外不能到场演出,紧急时刻只好临时让她顶替。令人惊讶的是,她一鸣惊人,充分展示了戏剧的魅力,唱腔和身段都令人叹服。此后五光十色的戏台有了她的一席之地。一次偶然让她发现了自己非凡的造诣。危急时刻,人不会受到外界太多的牵制,也比平常少了许多犹豫和顾虑,因此不会断送了机遇。而勇敢地去把握,往往就发现了自己的潜质,从而改变了命运。

由此可见,正确认识潜能的重要性,并初探自己潜能的发展方向,对于一个人的成功起着至关重要的作用。

一个人的技能、专业是浮在水面的部分,人所共见;至于隐藏在水下的部分,则是无法用数据具体表明的,例如高度的自信、坚定的意志、强烈的愿望,这是一个人挖掘自身潜能的三个要素。就好像是冰山一样,露出水面的只是它的八分之一,水下那不易察觉的部分却足以把"泰坦尼克"这种巨轮撞沉无数次。

- 3.能力与职业生涯规划的关系

能力是个人职业选择和职业成功的基础。在职业生涯中,职业的成功不仅与人的个性特点、知识技能、工作态度、物质条件、健康状况、人际关系等因素有关,而且与一个人的职业能力密切相关。在其他条件相同的情况下,职业能力强的人比职业能力弱的人更能使工作顺利进行,更容易获得成功。

不同职业对人的能力有不同的要求,不同的人其能力也不相同。如有人长于言语交谈,有人长于实际操作,有人长于理论分析,有人长于事务性工作。每个人都有自己独特的能力范围。社会上不同的职业对从业者的能力有不同的要求,如有的需要言语能力,有的需要计算能力,有的需要动手能力,而大多数职业则都需要几种能力的综合。

一般地讲,排字工人、服务员、领航员、侦察员、公安干警、驾驶员、交通警察、飞行员、机械操作工、教师等,需要较强的注意力和观察力。管理工作者、外交人员、解说员、报务员、售货员、教师等,要有较强的记忆力。文学创作者、工程设计人员、建筑师、机械师、服装设计师等,需要较强的想象力。科学技术工作者需要一定的数学能力等。

人的能力差别是客观存在的,这种差别制约着人们活动的领域与职业选择的范围。一个人如果不能很好地评价自己的能力,错误地选择职业,将无法发挥出自己的潜力,也将一事无成。

(四)价值观

人们所处的自然环境和社会环境,包括人的社会地位和物质生活条件,决定着人们的价值观念。每一社会都有一些共同认可的普遍的价值标准,从而发现普遍一致的或大部分一致的行为定势,这称为普适价值观或曰社会行为模式。有的人的行为更趋向于利,有的人更趋向于名,有的人则趋向于事,这反映出人的价值观不同。不同价值观的人会有不同的思维方式,行为模式或者说出发点不一样。所以我们在制订生涯规划时要根据自己的价值观来判断,别人的意见或建议都只能作参考。

- 1.价值观与职业生涯规划

　　价值观是人们希望获得哪些结果的一种抽象说法。它揭示了人们看待工作、职业回报、薪酬或其他问题的不同态度。

　　各种职业都有各自的特性。不同的人对职业的特性可能有不同的评价和取向,这就是所谓的职业价值观,也称择业观。价值观对人的一生有着重要的影响。作为人们对待职业的一种信念和态度,职业价值观往往决定了人们的职业期望,影响着人们对职业方向和职业目标的选择。

　　职业生涯规划中,我们常常需要做出这些选择:是要工作舒适轻松,还是要高标准的工资待遇;要成就一番事业,还是要安稳太平。当两者有矛盾或冲突时,最终影响我们决策的是存在于内心的职业价值观。可见价值观对职业生涯的影响是高层的、深远的。

　　职业价值观通常都是与某种职业紧密相连的,并且职业价值观也可以作为在你和工作之间进行匹配的基础。假如创造性对你来说是一项重要的工作价值,那么,建筑师、设计师、广告创意人员、工程师和表演艺术家们的工作就是以创造性为显著特征的,而独立、变化、旅行、被认可和有影响力则被认为是记者这一职业的工作价值。如果你认为帮助他人有意义,你应该经营服务取向的生意;如果你生性喜欢冒险,可以选择充满刺激的行业;如果安全在你心目中是第一位的,则应尽量避免那些风险大的职业。当你认为某项很重要的价值在一项职业里缺失的时候,就会出现职业错位的现象。

- 2.价值观的特点

　　(1)价值观是因人而异的。由于每个人的先天和后天环境不同,人生经历也不尽相同,每个人的价值观的形成会受到不同的影响,因此,每个人都有自己的价值观和价值观体系。在同样的客观条件下,具有不同价值观和价值观体系的人,其动机模式不同,产生的行为也不同。

　　(2)价值观是相对稳定的。价值观是人们思想认识的深层基础,它直接影响了人们世界观和人生观的形成。它是随着人们认知能力的发展,在环境、教育的影响下,逐步培养而成的。人们的价值观一旦形成,便是相对稳定的,具有持久性。

　　(3)价值观在特定的环境下又是可以改变的。由于环境的改变、经验的积累、知识的增长,人们的价值观有可能发生变化。

- 3.价值观类型

(1)价值观六大类型。有一种理论将个人的价值观分为六大类型:理论价值观、经济价值观、审美价值观、宗教价值观、社会价值观和政治价值观。尽管有些人把获得权力(属于政治价值观)或帮助他人(属于社会价值观)放在首要位置,但也有人更关注为世界创造美(属于审美价值观)或做学问(理论价值观)。可能每个人都有几种自己认为重要的价值观,并形成独特的组合。比如,一个非常务实且有极强政治欲望的人,不可能对一个低工资且无法发挥自己领导才能的工作感兴趣。又如,人人平等的价值理念,鼓舞"圣雄"甘地带领印度人民走向独立;怀大爱心、做小事情的信念,使诺贝尔和平奖获得者德兰修女,创办了上个世纪世界上最大的慈善机构,帮助了无数的人。

(2)职业锚理论。职业锚是人们选择和发展职业时所围绕的中心,当一个人不得不做出职业选择的时候,无论如何都不会放弃的那种职业中至关重要的东西。

职业生涯规划领域"教父"级人物、美国麻省理工大学的E.H.施恩教授,于20世纪20到60年代,在职业价值观理论和实例跟踪研究的基础上,结合对团体和一些机构的调查,提出职业锚理论,并研究出测试问卷。后经近30年的发展,职业锚成为许多个人职业生涯规划的必选工具和公司人力资源管理的重要工具。

在进行职业规划方向定位中,职业锚测试可以帮助你确定自己的发展方向,审视自己的价值观是否与当前的工作相匹配。只有你的职业定位和要从事的职业相匹配,才能在工作中获得源源不绝的巨大动力,实现自己的价值。

(3)社会主义核心价值观。社会主义核心价值体系主要由坚持马克思主义指导思想,坚持中国特色社会主义共同理想,坚持以爱国主义为核心的民族精神和以改革创新为核心的时代精神及坚持社会主义荣辱观组成。核心价值观是一个国家和民族价值体系中最本质、最具决定作用的部分,它支撑和影响着所有价值判断,是对整个人类发展历史和未来走向的总概括。

大学生的个人价值观要与社会主义核心价值观相融合,个人价值观要随着时代、社会环境的变化而变化,不能一成不变。

通过以上学习,你不妨试着对自己做个"心理我"的分析(表2-4)。

表 2-4　"心理我"的自我分析

内容	结果
兴趣	
性格	
能力（潜能）	
职业价值观	

三、"社会我"——明确我对社会的责任以及社会发展给我提供的机遇

"社会我"又称"社会自我"，是指一个人在与他人交往中感知到的他人对自己的一种看法以及自己的社会责任感。"社会我"会影响一个人的人际关系以及在社会中的角色定位，进而影响到一个人的职业生涯规划。

古话说："国家有难，匹夫有责。"在国家危难时，我们作为公民应该义不容辞地上前去尽责。比如在汶川地震中显示的全国民众万众一心的场面就是社会责任的具体体现。最近在中央电视台热播的《五星红旗迎风飘扬》中，展示了 20 世纪五六十年代的知识分子在无比艰苦的条件下，为"两弹"的研发全力拼搏，克服各种困难，取得"两弹"研发成功的事例，这充分说明社会责任在老一辈知识分子心中的分量。而这种社会责任也成就了一代人。目前在国家担当重担的基本就是这些人物当中的杰出代表。在清华大学韩威老师编写的《生存力：30 位清华学子成功就业访谈录》中就介绍了以国家需求为己任的代表人物，这是当代大学生献身西部、献身国企的典型事例。

在大学三年的学习生活中，我们要实现从校园到社会的过渡，也就是说，既要充分发挥个人的个性，也要注意把个性塑造得极为接近社会个性，使自己的欲望符合自己所扮演的社会角色的需要。这种社会角色不仅要有现代人才的品质，还要有强烈的社会责任感。在国家建设大潮中，我们如何按照国家的发展战略来选择自己的职业和去向就可以完全反映自我的社会责任，也是实现"完整我"所必需的。

比如，国家为了建设社会主义新农村，提出了大学生"村官"的发展策略；为了充实基层管理人员的力量，号召大学生们去基层服务；国家提出的建设中西部策略，鼓励大家踊跃报名；国家为了加强国防建设，鼓励大学生参军等举措，无一不体现社会对我们的期待和要求，因此，我们也要把自己打造成社会主义事业的建设者，为国家建设添砖加瓦。这就是"社会我"的体现。

实际上，"社会我"的认知提醒大学生既要有社会责任意识，而且在关注社会的

同时,也可以发现更多的发展机会。因此,一定要把自己放在社会这个大背景下来考虑自己的职业发展,才能更好地实现自己的职业目标。

四、"道德我"——评价我的基本道德和职业道德

德育是培养学生正确的人生观、价值观,培养学生具有良好的道德品质和正确的政治观念,培养学生形成正确的思想方法的教育。习近平主席在出席《全国教育大会》中指出,培养什么人,是教育的首要问题。"要在加强品德修养上下功夫,教育引导学生培育和践行社会主义核心价值观,踏踏实实修好品德,成为有大爱大德大情怀的人。"所谓的"德"就是指道德。要成为一个高尚的人,除了必须遵纪守法之外,还要在各方面符合做人的基本道德和职业道德的要求。

(一)公民的基本道德

"忠、孝、礼、义、信、仁、耻"是中华民族传统美德的核心价值理念和基本要求,影响整个社会道德体系的发展和社会道德水平的提升;"温良恭俭让"则是古代知识分子待人接物的准则。在现代社会里,这些美德又赋予了新的含义。比如,诚心、爱心、恒心、平常心、敬业、自强、自尊等。我们强调"做事先做人",我们认为"诚信是做人的根本""爱心是战胜苦难的利器",恒心体现一个人的毅力和专注度,平常心则可以反映一个人在荣辱面前的喜与悲,敬业是一个人成功的前提条件;而高度自制是成功的基本要素,自信带来事业的飞扬,一个人只有自强才能带来自尊,只有自尊才能赢得他人的尊敬。

做事先做人:是为人处世和工作生活中的一条金科玉律。我们要取得成功,首先要修炼内功,提高自己的品德修为,人做好了,事才有可能做好。只把眼睛盯在事上,无视或轻视做人,最终是不能把事做好的。

===== 案 例 =====

某年,吴斌驾驶杭州长运集团大型客车在从江苏无锡返回浙江杭州的高速公路上,被一块突如其来的铁块击中,导致肝脏破裂及肋骨多处骨折,肺、肠挫伤。在危急关头,吴斌想到的是乘客的安全,他强忍剧痛,完成了一系列安全停车操作,使24名乘客毫发无伤。现场画面震撼人心,吴斌的敬业和责任心受到网民及舆论的高度赞扬。

【问题】

你能回答什么是"中国梦"吗?请结合事例做一个解释。

(二)公民的职业道德

职业道德是一般社会道德的特殊形式,是社会道德的主体部分。所谓职业道德,就是同人们的职业活动紧密联系的符合职业特点所要求的道德准则、道德情操与道德品质的总和。

职业道德是所有从业人员在职业活动中应该遵循的行为准则,涵盖了从业人员与服务对象、职业与职工、职业与职业之间的关系。

职业道德的主要内容是,从道义上规定人们以什么样的思想、感情、态度、作风和行为对待本职工作,以及待人、接物、处事所应履行的职责。

每个从业人员,不论是从事哪种职业,在职业活动中都要遵守道德。如教师要遵守教书育人、为人师表的职业道德,医生要遵守救死扶伤的职业道德,等等。职业道德不仅是从业人员在职业活动中的行为标准和要求,而且是本行业对社会承担的道德责任和义务。职业道德是社会道德在职业生活中的具体化。

在内容方面,职业道德总是要鲜明地表达职业义务、职业责任以及职业行为上的道德准则。如人们常说,某人有"军人作风""工人性格""农民意识""干部派头""学生味""学究气""商人习气"等。

在形式方面,职业道德往往比较具体、灵活、多样。它总是从本职业的交流活动的实际出发,采用制度、守则、公约、承诺、誓言、条例、行规,以至标语口号之类的形式。

从产生的效果来看,职业道德用来调节从业人员与其他服务对象之间的关系,用来塑造本职业从业人员的形象,并与各种职业要求和职业生活结合,形成比较稳定的职业心理和职业习惯。

《中共中央关于加强社会主义精神文明若干问题的决议》规定了我们今天各行各业都应共同遵守的职业道德的五项基本规范,即"爱岗敬业、诚实守信、办事公道、服务群众、奉献社会"。而为人民服务就是社会主义职业道德的核心。它是贯穿于全社会共同的职业规范的基本精神。

为人民服务是最高层次的职业道德的核心规范,是从业人员在进行具体职业活动中遵守的最根本的准则,是进行职业活动的根本指导思想。它既是每一职业活动的出发点,也是每一职业活动的落脚点。

小链接

职业道德对职业发展的价值

职业道德规范	职业道德对职业发展的价值
敬业	1.敬业使人产生强烈的责任心和使命感
	2.敬业使人感受到工作的快乐和心理满足,这种体验是金钱、地位、权势等所不能替代的
诚信	1.诚信能使从业者尽快进入职业环境,获得良好的职业开端
	2.诚信能使企业充满责任感,履行承诺,从而得到市场的认可
公正	1.办事公道是个人在工作中所需的基本素质
	2.办事公道是企业生存和发展的保障
	3.办事公道是维护社会公平正义的保障
遵纪守法	1.遵纪守法是个人行事做人的行为尺度和保障
	2.遵纪守法是企业生存发展的行为尺度和保障
	3.遵纪守法是约束自己和保护自己的工具
节约	1.节约是一种对工作负责的行为,是负责任、成熟理智的标志
	2.节约是一个公司稳定、长久、持续发展的秘诀
	3.节约也是一种科学的生活方式
合作	1.合作是个人能力充分发挥、提高个人素质的基础
	2.合作是企业集中最大优势,发展创新的基础
	3.合作是企业扬长避短,发挥优势的途径
奉献	1.奉献是个人价值实现的途径,是个人事业成功的保障
	2.奉献是敬业精神的来源和精神支柱
	3.奉献是一个社会健康发展的保障

对大学生来说,诚信问题也是时时考验着我们的。比如,每一次的考试都会让大家受到是否要搞些小动作的"诱惑"。某高校有一次考试,有位学生舞弊被抓,但无论谁责问他,他都是否认结果,"胡妈"(辅导员)跟他说诚信,谈道德,使他意识到自己的错误,最后坦然地承认了错误,并以行动感谢"胡妈"。

目前,有相关机构正在建立职业信用评估体系,此体系能协助学校建立大学生的职业信用档案,它将记载学生的所有品行和作为;也为大学生记录你的实习、见习经历的信用,为品行良好的大学生顺利就业提供很好的帮助。

五、"家庭我"——强化我的家庭责任

"家庭我"又称"家庭自我",是指一个人对于自己的成长感受与作为家庭中一分子的价值观与责任感。

一个人首先要努力以感恩的心去热爱家庭,热爱家里的每一个成员,还要了解家庭及家人对自己的期望及自己在家庭中承担的责任,因为我们的职业生涯不可能完全脱离家庭及家人的需求。

在许多情况下我们,一个具有良好"家庭我"的人,其安全感、自信心及自我强度都比较高,而且对他人、对环境更倾向于采取一种积极的态度,这有助于在职业生涯过程中成功地应对诸多挑战和压力事件。

大学生作为家庭的一分子,还处于消费阶层,经济上无法独立,要依赖父母的资助才能完成学业。那我们应该如何去承担家庭的责任呢?首先,我们要珍惜来之不易的学习机会,好好学习;其次,我们要善于理财,勤俭节约,用好每一分钱;再次,我们要善于利用各种实践的机会,或者说发挥自己的专业优势,努力地勤工俭学,以减轻家庭的负担。我们要提升自己的各种能力,尤其是就业或创业能力,为将来更好地工作、赚取更多的收入来报答自己的家人。

家庭条件的好坏在一定条件下会直接影响同学们毕业目标的选择。比如,家庭经济情况较好的同学,多考虑深造,尤其是把出国深造作为自己大学毕业的主要选择。家庭经济条件不是太好的同学则多把毕业后立即就业或者创业作为自己的主要选择。这些同学进入大学后,非常珍惜各种勤工俭学的机会,努力创收以减轻家庭的负担。说明他们有强烈的家庭责任感。这些人是容易成长并取得成功的。当然也有极少数的学生,会嫌弃自己贫寒、身份低微的父母。当父母跋山涉水来到他面前的时候,他不仅没有丝毫的快乐,而且还很可能对别人称这是家乡来人而不愿承认是自己的父母。这种学生日后是肯定没有出息的。

"家庭我"不佳的人常会因不喜欢自己的家庭及家人,而采取一种疏离、回避的态度,这对于形成良好的"社会我"和"心理我"都很不利,将大大影响一个人的职业生涯发展。

"家庭我"的认知,可以强化学生的家庭责任意识,让学生在求职择业时,多考虑求职、创业对家庭的意义,是否有利于家庭的和谐,有利于回报父母;也可以帮助学生逐渐摆脱"自我为中心"的思维模式,把自己的所作所为产生的结果与家庭联系在一起,增加对家庭的责任感。

【作业】

请给父母、高中班主任各写一封感恩信,并计算一下你从小到大的花费成本,预测一下大学几年的成本(表2-5)。

表 2-5　某大学学生个人教育成本统计分析表

系别：　　　　　　　　　　班级：

个人信息	姓名		性别		出生年月	
	家庭地址			联系电话		
项目	个人月均支出		个人全年支出	家庭全年总收入	个人教育成本占家庭年总收入百分比(%)	
基本费用 (一次性缴纳)	学费(年)			书杂费及住宿费(年)		
每月费用	伙食费(月)					
	生活必需品费用					
	通信费					
	交友应酬费					
	上网费用					
	考证费用					
	其他费用					
大学生年理论学时	8小时/天＊22天/月＊10个月/年＝1760小时					
个人大学培养成本 (元/小时)	小时培养成本＝(大学生个人家庭全年培养成本＋国家对投资个人分摊)/全年理论学习时数					

填表说明:1.填表人必须以严肃、认真、实事求是的态度进行计算、填写,不得应付;

2.应和父母共同回忆、计算,核对后方可填写,并请家长签字认可。

前些年,有一个西部地区来北京读书的学生,自己的父亲靠卖血维持他的学费,不料他却在网吧度过了四年,不仅荒废了学业,也严重伤害了父母的心。这说明他完全没有家庭责任,也是"家庭我"缺失的表现。

六、"优势我"——发现、发掘我的所长

尺有所短,寸有所长。每个人都有自己的优势和不足。我们在努力改善自己不足的同时,许多时候更要注意发挥自己所长。不少同学,在入学后积极参加学生

会的活动,在学生会中,充分展现了自己能歌善舞、体育健将、善于沟通、优于演讲等特长。这些特长在许多方面可以帮助自己赢得老师或同学的喜爱或赞赏,有助于自己身心的快速成长。所以,同学们要善于发现自己的优势,找到"优势我"。以便在职业生涯规划中突出自己所长。

如刘翔的优势就是弹跳和短跑,如果非要他跑马拉松,无论他怎么努力也不会夺冠。宋祖英天生歌喉,如果非让她学举重,那她一定不会取得今天这种过人的成绩。所以,每个人应该尽可能地去发现自己的优势并善用自己的优势。

我们在充分认识自己,了解了"生理我""心理我""社会我""家庭我""优势我"之后还要做一个很重要的工作,那就是要将这些分散的认知归纳整理成一个"完整我"的概念,以便对自己有一个全面的认识。

现在,请大家给自己做个评价,来展示一个真实的自我(表2-6)。

表2-6 完整我

	优　　势	劣　　势
"生理我"小结		
"心理我"小结		
"社会我"小结		
"家庭我"小结		
"道德我"小结		
"优势我"小结		
"完整我"总结		

第二节 自我认知的方法

上一节介绍了自我认知的六个方面。本节主要介绍系统地进行自我认知的方法,特别强调除采用测评工具测试"心理我"之外,更要注重通过社会实践认知自我。

值得注意的是,大学生的可塑性很强,应当注意使用正确的自我认知方法。既要重视躬行自省,又要广泛听取他人意见;既要重视测评的重要参考作用,但又不应对其产生绝对迷信。尤其是,大学生更应该通过社会实践去认知自我,这种在实践中检验自我、了解自我、认识自我的方法是极其重要的。当然,不论采用何种方法,都要注意相互之间的联系与综合,这样才有利于对自我做出准确全面的评价。

一、自我分析

自我分析是最易行也最方便重复利用的一种自我认知方法。但是,如何将自我分析做到位,摆脱"当局者迷、旁观者清"的困扰,还需要我们注意以下几个问题。

(一)搞清"我是谁""我想要什么""我能做什么"

要正确地认知自我,有效地把握自我,就必须对自己的人生态度、兴趣和成功的理想有充分的认识,应对诸如"我的身体条件允许我做什么?社会需要我做什么?我的家人需要我做什么?"等问题并进行深入思考。

(二)认清自己的兴趣爱好

要正确地对自己的兴趣爱好和性格特质做一个自我分析。在这个过程当中,还要结合自己的知识、能力和特长。知识决定层次,能力影响职业素质,特长决定你是否可能被取代,而兴趣爱好和性格特质则在很大程度上影响了一个人的幸福指数。如果一个人的兴趣和性格很适合从事某种行业,但是他没有这方面的知识储备,在短时间内是不能胜任的;或者说一个人有某方面的知识储备甚至是相应的能力,但是性格不合适,却执意地坚持这项职业,很难会有大的发展。

最后,也是最重要的,要时时刻刻地审视自己是不是有一个良好的"社会我"。因为,对于大学生,没有一家企业愿意聘用没有品德的员工;对于创业者,没有一个人愿意和没有品德的人合作。"小富靠勤俭,大富靠德才。"拥有良好的品德,对于自己的人生规划有着至关重要的作用。所以,我们应当时时对照中华传统美德的细化内涵来寻找不足,提升自己。

(三)自我分析的方法——橱窗分析法

目的:全方位分析、评价自我。

说明:我们把橱窗放在直角坐标中加以分析。坐标的横轴正向表示别人知道,坐标横轴负向表示别人不知道;纵轴正向表示自己知道,负向表示自己不知道。坐标橱窗如图 2-2 所示。

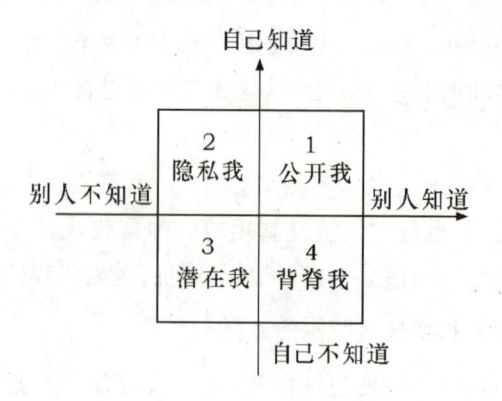

```
                    自己知道
                      │
              ┌───────┼───────┐
              │   2   │   1   │
              │ 隐私我 │ 公开我 │
   别人不知道  ├───────┼───────┤ 别人知道
              │   3   │   4   │
              │ 潜在我 │ 背脊我 │
              └───────┼───────┘
                      │
                    自己不知道
```

图 2-2　橱窗分析法

橱窗 1：为自己知道、别人知道的部分，称为"公开我"，属于个人展现在外、无所隐藏的部分。

橱窗 2：为自己知道、别人不知道的部分，称为"隐私我"，属于个人内在的私有秘密部分。

橱窗 3：为自己不知道、别人也不知道的部分，称为"潜在我"，是有待开发的部分。

橱窗 4：为自己不知道、别人知道的部分，称为"背脊我"，犹如一个人的背部，自己看不到，别人却看得很清楚。

通过四个橱窗可知，需加强了解的是橱窗 3 和橱窗 4。

橱窗 3 是"潜在我"。据科学家研究发现，每个人都有巨大的潜能，人类平常只发挥了极小部分的大脑功能。如果一个人能发挥一半的大脑功能，将轻易地学会 40 种语言，背整套百科全书，拿 12 个博士学位。著名心理学家奥托指出，一个人一生所发挥出来的能力，只占他全部能力的 4%，也就是说一个人 96% 的能力还未开发。赫赫有名的控制论奠基人维纳说："可以完全有把握地说，每个人即使他是做出了辉煌成就的人，在他的一生中利用他自己的大脑潜能还不到百亿分之一。"由此可见，认识、了解"潜在我"，是自我认知的重点之一，把个人潜能开发出来，也是职场新人的头等大事。

橱窗 4 是"背脊我"。如果自己诚恳地真心实意地征询他人的意见和看法，就不难了解"背脊我"。我们可以采取同自己的家人、朋友、同事等交流的方式，可以借助录音、录像设备，尽量开诚布公。要做到这一点，需要开阔的胸怀，确实能够正确对待，有则改之，无则加勉，否则，别人是不会说实话的。

对于橱窗 2，我们可以采取撰写自传或 24 小时日记的方式来了解自我。撰写自传，可以了解我们自身成长的大致经历和自我计划情况等，而 24 小时日记对我们一个工作日和一个非工作日经历的对比,也可以了解一些侧面的信息。

二、他人评价

所谓当局者迷,旁观者清,在自我认知的过程中,综合利用他人评价是不可或缺的一个环节。

在成长过程中,曾经听过父母、老师、兄弟姐妹、同学、朋友对你的一些描述或评语。这些话语就像是一面镜子,可以让你知道自己在别人眼中是一个怎样的人!结合自我分析,我们可以制作这样一个综合评估表(表2-7):

(1)访问我的父母、师长、亲朋好友,把他们对我的描述记录下来。

(2)搜寻记忆中,周围的人曾经对我的一些描述。

(3)找出以前的老师评语或所收到的卡片,将别人所说的话记录在表2-7中。

表 2-7　他人眼中的我

	同学朋友眼中的我		老师眼中的我		家长亲戚眼中的我	
	优点	不足之处	优点	不足之处	优点	不足之处
兴趣方面						
性格方面						
学习方面						
品德方面						
生活方面						
能力方面						
其他方面						

别人眼中的我,和我自己所知道的我,有没有什么不同呢?让我来比较一下。

相同点:＿＿＿＿＿＿＿＿＿＿＿＿＿＿＿＿＿＿＿＿＿＿＿＿＿＿＿＿＿＿＿＿

不同点:＿＿＿＿＿＿＿＿＿＿＿＿＿＿＿＿＿＿＿＿＿＿＿＿＿＿＿＿＿＿＿＿

我的发现及心得:＿＿＿＿＿＿＿＿＿＿＿＿＿＿＿＿＿＿＿＿＿＿＿＿＿＿＿

＿＿＿＿＿＿＿＿＿＿＿＿＿＿＿＿＿＿＿＿＿＿＿＿＿＿＿＿＿＿＿＿＿＿＿＿

当然,在这个过程中,我们必须学会选择。听取他人评价,最忌讳的是缺乏自己的主见。马云谈他当年的创业生涯,他在犹豫是否要"创办"的时候,咨询了24个人,其中有23个都持否定意见,只有一个人表示支持,但是他还是选择了创业,并且获得了巨大的成功。有的时候"真理掌握在少数人手里"。这符合成功学的概念,因为成功的人毕竟是少数。他们之所以能成功,有一个很重要的原因就是因为他们的思维与大多数的人不一样,别人的意见只能代表他们自己的观点,而不代表一定正确,所以,我们在进行自我认知时也要充分认识这一点。

三、专家咨询

有很多同学,在进行自我分析、听取他人的评价,甚至做过测评之后,还是非常迷茫。这个时候,我们就有必要找专家进行有针对性的咨询。而且这也属于一种有效的、快捷的方式。相关专家一般都拥有丰富的知识和人生阅历,并且掌握大量相关案例和咨询技巧。他们会和你探讨自己的人生经历、家庭背景、专业、学历、兴趣爱好、人生期望和个人能力等内容。你要借助专家的力量来清晰地认识自我,准确地定位,找到适合自己的职业发展方向。

值得注意的是,专家咨询有时候是需要反复多次的。而且,不要期望专家可以给你指明一个具体的道路,他可以给你指点迷津,但是最终把握人生航向的还是你自己。

四、职业测评

(一)职业测评的含义

职业测评是心理测验的一个分支,在学术上被广泛认可的心理测验的定义是"行为样组的客观的标准的测量"。如果你真的想借助职业测评达到了解自我的目的,应该选择科学的职业测评。科学的职业测评以特定的理论为基础,经过设计问卷、抽样、统计分析、建立常模等程序编制,必须符合以下三个条件。

效度:测验结果的准确性。

信度:测验结果的稳定性。

常模:每一位被试者的心理测验都有一个原始分数,通常情况下这个分数没有实际意义,除非这个分数能与别人比较,与此相关的标准便是常模。常模是指有代表性的样本在测验上的分数分布情形。

科学的职业测评是客观化、标准化的问卷,它的科学性、客观性、可比较的功能是其他自我了解的方法不具备的。

(二)测评在职业规划中的应用

- 1.性格——你待人处世、处理事情的方式与风格是什么

性格是在现实中一个人稳定的态度和习惯化的行为方式所表现出的个性心理特征,它是最能体现个体差异的一个特质。性格测验有助于了解自己的行为方式,为职业决策和行动提供可靠依据。

2.职业兴趣——你喜欢什么工作

兴趣是力求认识、掌握某种事物,并经常参与该种活动的心理倾向。在职业上,每个人也都会有自己的偏好。职业兴趣对人的行为有强大的驱动作用,因此要了解自己的职业兴趣,并尽可能从事有兴趣的职业。

职业兴趣测验对于明确职业兴趣、协助职业选择、拓展职业范围都具有重要作用。

3.能力倾向——你擅长什么工作

能力是人们成功地完成某种活动所必需的个性心理特征。职业规划中,能力是知己最重要的方面,它是事业成功的必要条件,即"有之不必然,无之必不然"。如果我们能够及时准确地了解自己的优势能力,并在制订职业目标时予以充分的考虑,会极大地提高达成职业目标的概率。

能力倾向测验不仅可以预测成功,而且在预测失败方面会有更大的效果,即它可以有效地预测要避免从事的职业。

4.价值观——你喜欢什么样的工作与生活方式

价值观测验会有助于职业决策和提高工作满意度。

每个人工作都是为了满足一定的需要,但很难找到一份完全满足自己需要的工作。在如何取舍方面价值观起着重要作用。价值观是人对客观事物的需求表现出来的评价,包括从人生的基本价值取向到个人对具体活动或事物的有用性、重要性、价值的判断。

(三)进行职业测评的注意事项

测验在职业规划中具有重要的作用,但是只有合理地应用才能达到期望的效果。以下是做职业测评的注意事项:

(1)选择具有良好的效度、信度和合适的常模的心理测验。如果测验本身不具有良好的效度、信度,或者选择的常模不正确,测验的实施与解释都是浪费时间。如果没有办法判断效度、信度和常模,就选用在世界或国内知名的心理测验。

(2)测试的实施与解释应寻求专业咨询人员及心理学工作者的协助,尽量避免人为的误差。

(3)测验以个人测验为佳,这样才能针对个人需要。

(4)测验需要在安静的环境中凭第一印象完成。

(5)测验结果只是一个参考,测验结果与自己的特质有明显不同时,有必要持怀疑态度。

(6)如果是通过专业咨询机构进行测试,测试结果是要保密的,任何人无权散布你的隐私。

(四)正确看待测评结果

这些测评工具都是力求客观的测量手段,它们的特点是能够在较短的时间内测出一个人的某方面的特点,并且这些特点都是在与群体的比较中得出的。通过测量,个人能够在短期内获得对自己较为客观的描述和评价。但是,这些测评结果也有着一些不可避免的局限性。因此必须科学地看待这些测评结果。

第一,这些测评工具大多引自国外,其理论模型是依据西方的哲学思想、西方的文化以及西方人的心理特点以及职业要求,本土化特点不明显。所以,对测评结果我们只能从中提炼信息,有条件地选用,而不可在职业决策时过度依赖这些测评结果。

第二,测评工具本身也有其局限性。准确地说,测评结果只是给我们提供了一个了解自己的依据。它能够引导你去思考一些问题,探求自我内心的深处,为自己未来的规划提供根据。测评可以发现你的特点、优势、不足、潜能和职业发展倾向等,但测评结果本身并不是个人工作能力的充分证明。我们不能把它当作未来职业发展的框架和规定,更不能全部根据测评来找工作,这样非但没有起到其应有的引导性作用,反而容易被其束缚。同时,每一次测评结果都只是一个静止的参照,而人是复杂的、变化的,要用发展的眼光考虑自己的职业生涯。

(五)测评工具介绍

常用的测评工具有:职业性格测评(MBTI测评、PDP性格测试)、职业兴趣测评(霍兰德职业兴趣测评)、职业能力测评(中国职业定位系统测评和KENEXA职业能力测评、360度测评)、价值观测评(价值观倾向测评和职业锚)等。下面分别予以介绍。

- 1.性格测评工具

这里主要介绍MBTI测评。

MBTI测评是凯瑟琳·布利格斯与伊莎贝尔·布利格斯·迈尔斯对瑞士著名心理学家卡尔·荣格的心理类型理论加以演化,最后形成的四个维度、八个偏好、十六种人格类型的人格类型量表,简称MBTI(Myers-Briggs Type Indicator)。

目前,MBTI已经发展成应用心理学领域知名的专业鉴别工具,被广泛地应用于职业发展、职业咨询、团队建议、婚姻教育等方面,是目前国际上应用最广泛的职业规划和个性测评理论。在被广泛使用之前,MBTI经过了五十多年的研发和检验的历史。到现在,它已经历了数十年的应用实证。它能深入地解释为什么不同的人对不同的事物感兴趣、擅长不同的工作以及人们有时不能互相理解。

MBTI 分析人类个性时，运用四个关键点，称为四个维度；在某关键点上，每个人都会表现出不同的天生和习惯的行为倾向，称为某维度上的偏好。八种个性偏好类型被编成四组，每组都是由两极组成的一个区间。再把(从每个区间的人里)选出的、与你个性最为相似的四种偏好组成所谓一类。

(E)外向—内向(I)：如何释放自己的能量。

(S)感觉—直觉(N)：本能地注意和记住哪一类信息。

(T)思维—情感(F)：怎样做出决定。

(J)判断—知觉(P)：喜欢以何种方式来构建生活。

衡量这四项个性的尺度是：人是怎样获得才能的；人是怎样领悟信息的；人是怎样做决定的，又是怎样选择个人偏好的生活方式的。"获得才能"型的人有外部转化和内部转化两种。外部转化是从他人、从外部世界的活动或事情中汲取才能，内部转化是从个人自身的思想、感情或感觉世界中汲取才能。这两种感知作用分别属于人的感觉和直觉的范畴。依靠感觉的人借助自己的五官来收集信息，以判断什么是真实的。依靠直觉的人则是通过"第六感"来获取信息，用以估计什么事情会发生。

(1)能量倾向(表 2-8)

表 2-8　MBTI 测评能量倾向对照表

外倾 extroversion(E)	内倾 introversion(I)
注意力和能量主要指向外部世界的人和事，而从与人交往和行动中得到活力	注意力和能量集中于自己的内心世界，从对思想、回忆和情感的反思中得到活力
◆ 关注外部环境	◆ 关注自己的内心世界
◆ 喜欢用谈话的方式进行沟通	◆ 更愿意用书面方式沟通
◆ 通过谈话形成自己的意见	◆ 通过思考形成自己的意见
◆ 用实际操作或讨论的方式能学得更好	◆ 用思考、用头脑中"练习"的方式学得最好
◆ 兴趣广泛	◆ 兴趣专注
◆ 好与人交往、善于表达	◆ 安静而显得内向
◆ 先行动，后思考	◆ 先思考，后行动
◆ 在工作和人际关系中都积极主动	◆ 当情境或事件对他们具有重要意义时才会采取主动

(2)接受信息(表2-9)：

表2-9　MBTI测评接受信息对照表

接受信息：你如何获取信息？S—N维度	
感觉 sensing(S)	直觉 intuition(N)
用自己的五官来获取信息。喜欢收集实实在在的、确实已出现的信息。对于周围所发生的事件观察入微，特别关注现实	通过想象、无意识等超越感觉的方式来获取信息。喜欢看整个事件的全貌，关注事实之间的关联。想要抓住事件的模式，特别善于看到新的可能性
◆ 着眼于当前的实际情况	◆ 着眼于未来的可能
◆ 现实、具体	◆ 富于想象力和创造性
◆ 关注真实的、实际存在的事物	◆ 关注数据所代表的模式和意义
◆ 观察敏锐，并能记住细节	◆ 当细节与某一模式相关时才能记得
◆ 经过仔细周详的推理一步步得出结论	◆ 靠直觉很快得出结论
◆ 通过实际运用来理解抽象的思维和理论	◆ 希望在应用理论之前能对之进行澄清
◆ 相信自己的经验	◆ 相信自己的灵感

(3)处理信息(表2-10)：

表2-10　MBTI测评处理信息对照表

处理信息：你是如何做决定的？T—F维度	
思考 thinking(T)	情感 feeling(F)
通过分析某一行为或选择的逻辑后果来做出决定。会将自己从情境中分离出来，对事件的正反两方面进行客观的分析。从分析和确认事件中的错误并解决问题中获得活力。目标是要找到一个能应用于所有相似情境的标准或原则	喜欢考虑对自己和他人来说什么是重要的。会在头脑中将自己放在情境中所牵涉的所有人的位置上试图理解别人的感受，然后在此基础上根据自己的价值判断做出决定。从对他人表示赞赏和支持中获得活力。目标是创造和谐的氛围，把每个人都当作一个独特的个体来对待
◆ 好分析的	◆ 善于体贴他人、感同身受
◆ 运用因果推理	◆ 受个人价值观的引导
◆ 以逻辑的方式解决问题	◆ 衡量决定对他人产生的后果和影响
◆ 寻求一个合乎真理的客观标准	◆ 寻求和谐的气氛和积极的人际交往
◆ 爱讲理的	◆ 富于同情心的
◆ 可能显得不近人情	◆ 可能会显得心慈手软
◆ 公平意味着每个人都能得到平等的待遇	◆ 公平意味着每个人都被作为独特的个体来对待

(4)行动方式(表2-11)：

表2-11　MBTI测评行动方式对照表

行动方式：你如何与外部世界打交道？J—P维度	
判断 judging(J)	知觉 perceiving(P)
喜欢将事情管理得井井有条，过一种有计划的、井然有序的生活。喜欢做出决定，完成后继续下面的工作。生活通常会比较有规划、有秩序，喜欢把事情敲定下来。照计划和日程安排办事对他们来说很重要。从完成任务中获得能量	喜欢以一种灵活、自发的方式生活，更愿意去体验和理解生活而不是去控制它。详细的计划或最后决定会使他们感到被束缚。愿意对新的信息和选择保持开放直到最后一分钟。足智多谋，善于调节自己适应当前场合的需要，并从中获得能量
◆ 有计划的	◆ 自发的
◆ 喜欢组织管理自己的生活	◆ 灵活
◆ 有系统有计划	◆ 随意
◆ 按部就班	◆ 开放
◆ 爱制订短期和长期的计划	◆ 适应,改变方向
◆ 喜欢把事情敲定落实	◆ 不喜欢把事情确定下来,以留有改变的可能性
◆ 力图避免最后一分钟才做决定或完成任务的压力	◆ 最后一分钟的压力会使他们感到活力充沛

• 2. 职业兴趣测评

这里主要介绍霍兰德职业兴趣测评法。

霍兰德的职业兴趣理论的核心假设是人可以根据职业兴趣分为六大类，即现实型、研究型、社会型、传统型、企业型、艺术型，职业环境也可相应地分成同样名称的六大类，人格与职业环境的匹配是形成职业满意度、成就感的基础。各个兴趣类型的特点及较为适宜的职业环境对应如下：

(1)现实型(R)。愿意使用工具从事操作性工作；动手能力强，做事手脚灵活，动作协调；不善言辞，不善交际。

主要是指各类工程技术工作、农业工作。通常需要一定体力，需要运用工具或操作机器。主要职业有：工程师、技术员；机械操作、维修、安装工人，矿工、木工、电工、鞋匠等；司机，测绘员、描图员；农民、牧民、渔民等。

(2)研究型(I)。抽象思维能力强，求知欲强，肯动脑，善思考，不愿动手；喜欢独立的和富有创造性的工作；知识渊博，有学识才能，不善于领导他人。

主要是指科学研究和科学实验工作。主要职业：自然科学和社会科学方面的研究人员、专家；化学、冶金、电子、无线电、电视、飞机等方面的工程师、技术人员；飞机驾驶员、计算机操作员等。

(3)艺术型(A)。喜欢以各种艺术形式的创作来表现自己的才能，实现自身的价值；具有特殊艺术才能和个性；乐于创造新颖的、与众不同的艺术成果，渴望表现自己的个性。

主要是指各类艺术创作工作。主要职业：音乐、舞蹈、戏剧等方面的演员、艺术家编导、教师；文学、艺术方面的评论员；广播节目的主持人、编辑、作者；绘画、书法、摄影家；艺术、家具、珠宝、房屋装饰等行业的设计师等。

(4)社会型(S)。喜欢从事为他人服务和教育他人的工作；喜欢参与解决人们共同关心的社会问题，渴望发挥自己的社会作用；比较看重社会义务和社会道德。

主要是指各种直接为他人服务的工作，如医疗服务、教育服务、生活服务等。主要职业：教师、保育员、行政人员；医护人员；衣食住行服务行业的经理、管理人员和服务人员；福利人员等。

(5)企业型(E)。精力充沛、自信、善交际，具有领导才能；喜欢竞争，敢冒风险；喜爱权力、地位和物质财富。

主要是指那些组织与影响他人共同完成组织目标的工作。主要职业：经理企业家、政府官员、商人、行业部门和单位的领导者、管理者等。

(6)常规型(C)。喜欢按计划办事，习惯接受他人指挥和领导，自己不谋求领导职务；不喜欢冒险和竞争；工作踏实，忠诚可靠，遵守纪律。

主要是指各类与文件档案、图书资料、统计报表之类相关的各类科室工作。主要职业：会计、出纳、统计人员；打字员；办公室人员；秘书和文书；图书管理员；旅游、外贸职员、保管员、邮递员、审计人员、人事职员等。

• 3.职业能力测评

这里简单介绍360度测评和大学生综合职业素养测评。

(1)360度反馈评估技术(360 degree feedback)又称多源反馈技术。它是由与被评估人有密切工作关系的人(包括被评估人的上级、同级、下级、自己)对被评估人进行匿名评估的综合评估系统，从而全面、客观地搜集被评估人工作表现的信息，了解被评估人的优势和不足，并可以通过多次评估结果的连续跟踪和记录，帮助被评估人进行科学的自我评价，促进被评估人不断成长(图2-3)。

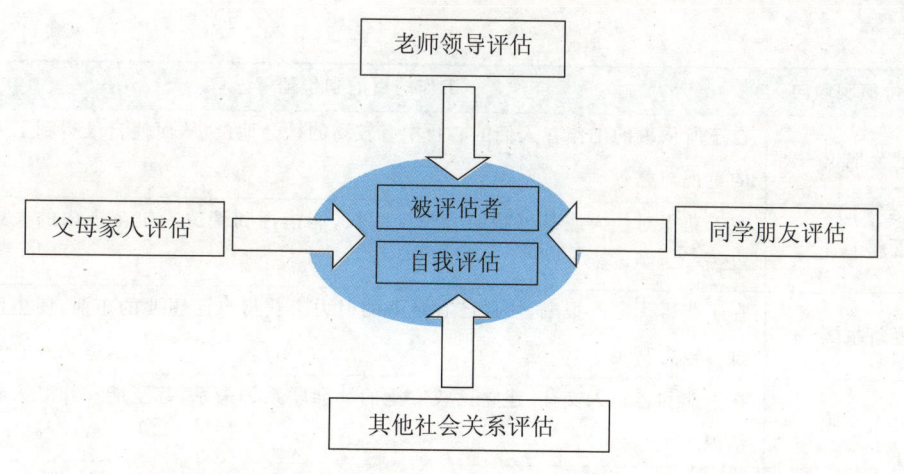

```
        ┌──────────────┐
        │ 老师领导评估 │
        └──────┬───────┘
               ↓
┌──────────┐  ╭─────────╮  ┌──────────┐
│父母家人评估│→│被评估者  │←│同学朋友评估│
└──────────┘  │自我评估  │  └──────────┘
              ╰────┬────╯
                   ↑
        ┌──────────────────┐
        │ 其他社会关系评估 │
        └──────────────────┘
```

图 2-3　360 度评估

(2)《大学生综合职业素养测评系统(GOPA)》是根据心理学界公认的、成熟的理论,按照用人单位的职业素质要求和岗位要求,从六个方面、二十五个维度对大学生个体的综合职业素养进行深度评估,有利于大学生在进行职业生涯规划和就业时得到更准确的定位;该测评系统还具有统计、查询功能,一方面可以检测学生与打算求职的岗位的匹配度,另一方面也有利于企业根据匹配度的高低选拔应聘面试者,这是世界五百强企业在招聘面试时广泛使用的一套系统。

- **4.价值观测评**

这里介绍价值观倾向测评和职业锚:

(1)十三种价值观倾向测评。主要是测评利他主义、美感、智力刺激、成就感、独立性、社会地位、管理、经济报酬、社会交际、安全感、舒适、人际关系、变异性或追求新意十三种倾向。这十三种价值观倾向各自表示的意义,如表 2-12 所述:

表 2-12　十三种价值观倾向测评及其意义

价值观倾向	工作的目的和价值
利他主义	在于直接为大众的幸福和利益尽一份力
美感	在于能不断地追求美的东西,得到美感的享受
智力刺激	在于不断进行智力操作,动脑思考,学习以及探索新事物,解决新问题
成就感	在于不断创新,不断取得成就,不断得到领导与同事的赞扬,或不断实现自己想要做的事
独立性	在于能充分发挥自己的独立性和主动性,按自己的方式、步调或想法去做,不受他人的干扰

续表

价值观倾向	工作的目的和价值
社会地位	在于所从事的工作在人们的心目中有较高的社会地位,从而使自己得到了人的重视与尊敬
管理	在于获得对他人或某事物的管理支配权,能指挥和调遣一定范围内的人或事物
经济报酬	在于获得优厚的报酬,使自己有足够的财力去获得自己想要的东西,使生活过得较为富足
社会交际	在于能和各种人交往,建立比较广泛的社会联系和关系,甚至能和知名人物结识
安全感	不管自己能力怎样,希望在工作中有一个安稳局面,不会因为奖金、涨工资、调动工作或领导训斥等经常提心吊胆、心烦意乱
舒适	希望能将工作作为一种消遣、休息或享受的形式,追求比较舒适、轻松、自由、优越的工作条件和环境
人际关系	希望一起工作的大多数同事和领导人品较好,相处在一起感到愉快、自然,认为这就是很有价值的事,是一种极大的满足
变异性或追求新意	希望工作的内容应该经常变换,使工作和生活显得丰富多彩,不单调枯燥

(2)职业锚测评。职业锚测评是国外职业测评运用最广泛、最有效的工具之一。职业锚问卷是一种职业生涯规划咨询、自我了解的工具,能够协助组织或个人进行更理想的职业生涯发展规划。

职业锚以员工习得的工作经验为基础。职业锚发生与早期职业阶段,新员工已经工作若干年,习得工作经验后,方能够选定自己稳定的长期贡献区。个人在面临各种各样的实际工作生活情境之前,不可能真切地了解自己的能力、动机、价值观,以及在多大程度上适应可行的职业选择。因此,新员工的工作经验产生、演变和发展了职业锚。换句话说。职业锚在某种程度上由员工实际工作所决定,而不只是取决于潜在的才干和动机。

职业锚不是员工根据各种测试测出来的能力、才干或者作业动机、价值观,而是在工作实践中,依据自省和已被证明的才干、动机、需要和价值观,现实地选择和准确地进行职业定位。

职业锚,是个人稳定的职业贡献区和成长区。但是,这并不是意味着个人将停止变化和发展。员工以职业锚为其稳定源,可以获得该职业工作的进一步发展,以及个人生物社会生命周期和家庭生命周期的成长、变化。此外,职业锚本身也可能变化,员工在职业生涯的中后期可能会根据变化了的情况,重新选定自己的职业锚。

第三节 自我认知的阶段性

自我认知的过程中,应以发展变化的眼光看待自己。世间万物都不可能是静止不变的,包括自我评价者自己。今日的自我,已不同于昨日的自我;明日的自我,显然也不会依然故我。所以自我认知有其阶段性特征,这也体现出重复进行自我认知的必要性。而且自我认知不但应当对自己的现实素质做出适当、全面、客观的认知,而且应当着眼于未来的发展变化,预见性地估计自己将来的发展潜力和前景。

一、新生期大学生的自我认知——重点强调对独立生活能力、大学生活方式和思维方式的认知

同学们进入大学后,有一件非常重要的事情,是如何尽快地认知自我。来自不同城市或地区、不同家庭的新生同学,在衣着、长相等方面会有明显的不同,在大学这个新环境中,我们应该学会接纳自我,适应大学生活。新生期自我认知的主要内容是"我的基本情况,包括我的生理、心理、特长,我的能力(包括生活能力、为人处世的能力、学习能力、社交能力)"等。认知的目的是找出自己与大学生活要求的差距,并加以调整。请参照表 2-13 做个自我分析。

表 2-13 新生期大学生自我认知表

自我认知的项目	大学生应具备的能力	认知结果	差距
生活自理能力	自己管理生活		
学习方式	自主学习能力		
自律能力	要求高度自律		
思维模式	成人思维—考虑全面		

二、低年级大学生的自我认知——重点强调对"完整我"的认知

处于大一、大二年级的学生,是最具备可塑性的人群,所以必须在了解和接纳"生理我"的基础上,展开"心理我""道德我""社会我""家庭我"的认知,并要从中发现"优势我",以给自己画一幅"完整我"的画像(表 2-14)。

表 2-14　低年级大学生自我认知表

自我认知的项目		结　　果
生理我	性别	
	年龄	
	身高	
	体重	
	视力	
	健康状况	
	体力	
	特长	
	生理我小结	
心理我	我的性格	
	我的兴趣	
	我的能力	
	我的职业价值观	
	心理我小结	
家庭我	我家几口人	
	我的责任	
	我的义务	
社会我	我的社会责任感	
	我想为社会承担什么	
	我能为社会承担什么	
道德我	我的爱心	
	我的孝心	
	我的诚心	
	我的恒心	
	我的自律	
优势我	我的天赋	
	我的特长	
	我的知识及专业技能	
完整我总结		

三、高年级大学生的自我认知——强调对"社会我""家庭我""优势我"的认知

到了大三之后,随着对自我认知的逐步深入探索和定位,就会初步形成个人的期望和目标,又因为毕业在即,此时除了要重新认知"生理我"(比大一时长高了、视力下降了、身体发育成熟了,还是健康状况变差了等)、"优势我"(我的专业能力及技能增加、我的特长得到进一步提高、我的通识能力增强、我的人脉资源基本建立等)、道德我、家庭我之外,就要在"社会我"和"家庭我"的基础上探索职业世界,由此选择适合自身的工作,从而做好相关的就业准备(表 2-15)。

表 2-15 高年级大学生自我认知表

自我认知的项目		结果
生理我	性别	
	年龄	
	身高	
	体重	
	视力	
	健康状况	
	体力	
	特长	
	生理我小结	
心理我	我的性格	
	我的兴趣	
	我的能力	
	我的职业价值观	
	心理我小结	
家庭我	我的家庭责任	
	我的家庭期望	
	我的家庭资源	
社会我	我的社会使命	
	我的社会资源	
	我的社会活动	

续表

自我认知的项目		结果
道德我	我的爱心	
	我的孝心	
	我的诚心	
	我的恒心	
	我的自律	
优势我	我的天赋	
	我的特长	
	我的知识及专业技能	
	我的实习实践经历	
完整我总结		

　　自我认知是制订生涯规划的重要前提条件之一。通过大学期间分阶段的自我认知,可以帮助大家反复地了解自我,不仅为自己做出相关规划和决策提供条件,而且也让我们学会了自我认知的方法及内容,这有益于我们的一生。

【拓展练习】

　　1.请你结合本章内容,来回答以下问题:
我是谁?

我想干什么?

我能干什么?

　　2.毕业时的我
毕业时的你将是怎样呢?现在就展望一下吧!

选项	可能结果	我现在要做什么
毕业时我会走哪条路？		
毕业时我具有的知识、证书有哪些？		
毕业时我参加过的实践、实习有哪些？具有哪些经验？		
毕业时我具备哪些技能与能力？		
如果就业，我理想中的工作是怎样的？		

第三章
生涯规划的前提条件之二 ——环境认知

学习目标 ▶▶▶

1. 明确环境认知的内容。
2. 掌握认知环境的方法和途径。
3. 能够结合自身情况展开相应阶段的环境探索。

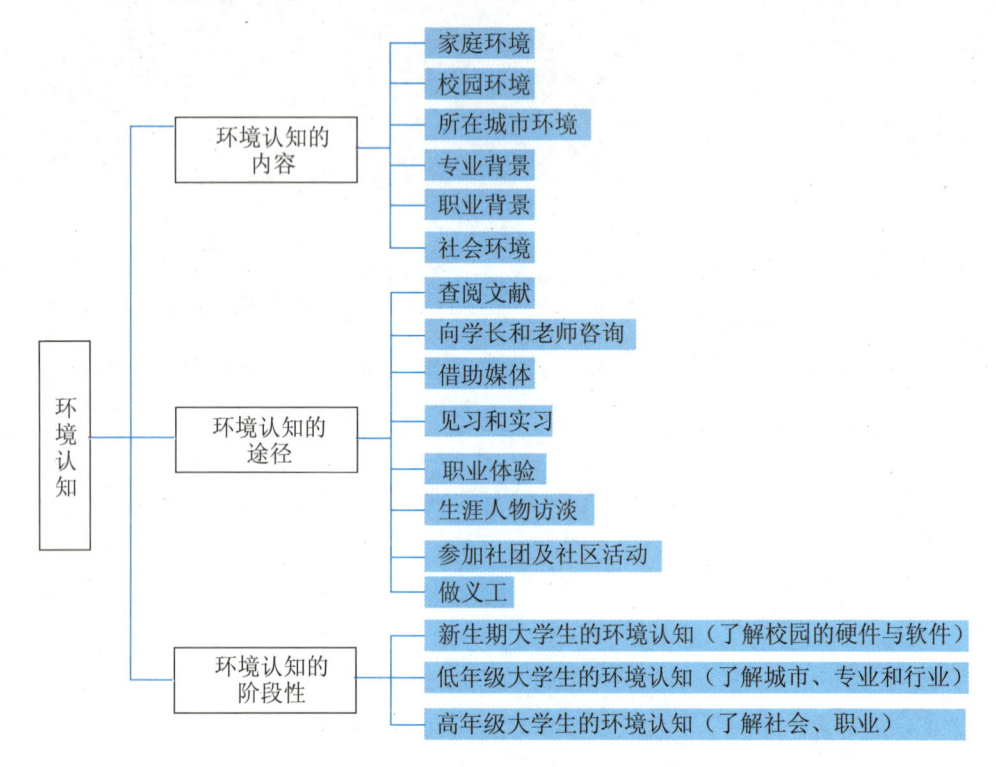

```
                        ┌─ 家庭环境
                        ├─ 校园环境
           环境认知的    ├─ 所在城市环境
           内容         ├─ 专业背景
                        ├─ 职业背景
                        └─ 社会环境

                        ┌─ 查阅文献
                        ├─ 向学长和老师咨询
                        ├─ 借助媒体
环境认知 ─ 环境认知的    ├─ 见习和实习
           途径         ├─ 职业体验
                        ├─ 生涯人物访谈
                        ├─ 参加社团及社区活动
                        └─ 做义工

                        ┌─ 新生期大学生的环境认知（了解校园的硬件与软件）
           环境认知的    ├─ 低年级大学生的环境认知（了解城市、专业和行业）
           阶段性       └─ 高年级大学生的环境认知（了解社会、职业）
```

> **案例**
>
> 小凤是刚参加工作的新人,现在从事一般临床护理工作。当初选择专业的时候,是父亲帮她做主的,并且告诉她,读这个专业可以出国做护士,如果不喜欢的话还可以在学校里转专业。大一可以转专业的时候,因为听老师说他们这一行出来找工作比较方便,并且自己也没有特别喜欢的专业,因此她就继续读了下来。在大三找工作的时候由于担心自己找不到工作,所以并没有对所选医院考察清楚就贸然选择了一个大家都认为不错的医院。工作了几个月以后,她发觉自己非常不适合做这一行,所以想转行。
>
> 小凤做过个人职业测评,显示是艺术社会型。她是一个很不喜欢被束缚的人,现在从事的临床护理工作非常死板、教条。因此她迫不及待地想要摆脱这个工作,可是却没有合适的方向。

专家分析

寻找适合自己的职业方向不是一蹴而就的事。小凤遇到的职业发展问题说明她对工作世界的了解不够,对职业认知不多。职业认知是指个人对职业世界的认识与了解。在校大学生在就业前一定要先了解职业与职位,只有提前熟悉了职业世界,才有可能寻找到适合自己的企业和职业。

环境认知是生涯规划中认知环节的两个重要前提之一。这是一个外部条件,但这个外部条件又是能够在很大程度上影响人们一生幸福感的重要条件。它既包括外部生存的城市、工作单位等硬性条件,也包括生存的时代、制度、政策、人脉圈等软性条件。比如说,每个大学生所处的家庭环境不同,不同的大学其校园环境也不同,生活的不同城市也有不同的城市文化、传统和政治经济环境,我们所处的时代也有明显的时代特征,所处时代中的行业、企业和职业也在不断地发生变化等。这些都是在大学生进行自我规划之前必须了解的。

第一节 环境认知的内容

与自我认知一样,环境认知也需要分阶段进行。为了便于同学们更好地认知环境,我们按家庭环境、校园环境、所在城市环境、专业背景、职业背景、社会政治、经济环境等分别进行介绍。当然,这里只是给出基本框架,同学们可以根据不同阶段的认知需求,补充各自所需的环境认知内容。

一、家庭环境

家庭环境会对我们做生涯规划产生一定的影响。古德在《家庭》中说:"家庭是一项社会发明,其任务是将生物人转化为社会人。"家庭环境对大学生生涯规划目标的影响主要体现在如下几个方面:

(一)父母的品行和家庭是否和睦对学生的影响

我们都说"父母是孩子的第一任老师",这句话不仅仅是指父母对孩子进行的学前启蒙教育,还包括父母的言行、品德对孩子的影响。家庭环境的和睦与否对孩子的成长至关重要。大学生作为人之子女,行为品德等深受父母的影响。

(二)父母的个性对学生的影响

父母的个性对子女的影响极大。有的父母脾气暴躁,对子女动则拳脚相加,这会造成子女产生畏惧、自保、自卑的负面心理,进而影响职业发展。

(三)父母对子女的期望对学生的影响

父母对孩子的未来期待,可以说对我们的影响最大。父母希望孩子参军,身为子女,可能会投身军旅;父母希望孩子将来出国留学,那孩子更多的可能是努力学好外语;父母希望孩子考上研究生,将来从事研究工作,孩子则可能更多地会选择加倍学习,力求取得更好的成绩。

(四)父母所从事的职业可能影响大学生的职业选择

父母从事的职业,可能影响大学生对于未来职业的选择。父母从事教育工作的,可能在无形中更多地向孩子灌输"从事教育行业比较好"的想法。父母一方或者双方从事机关行政工作,可能更加倾向于让孩子选择相似职业。

(五)父母的经济状况对学生的影响

如某大学生的父母亲有权有势、经济实力雄厚,那么他的人生道路可能在更大程度上依赖父母的安排,在求职、升造等方面就便利一些,他的奋斗历程也可能因此轻松一些。普通家庭的大学生,尤其是农村来的孩子,其父母亲可能没有什么可以利用的资源,但作为人子又有赡养父母的义务,所以在毕业的出路方面可能要考虑得更现实一些。比如有不少同学放弃升学的道路,不得不选择早日参加工作,以减轻家庭负担,回报社会。某公司有位大学毕业生,其家庭经济情况比较差,该学生每月一千五百元的工资收入,每月给父母三五百元,自己存五百元,每月省吃俭用就花几百元钱。而对于有些人,这样的收入连养活自己都不够,工作了还找家里要钱。这就是差别。

父母不可以选择,但未来的路是可以选择的。富家子弟有他们的路可以走;来自穷人家及普通人家的大学生的未来的路未必会比他们差。现实中的案例有很多很多。只要大家努力，一定会前途光明的。

【拓展练习】

家庭的影响

最能描述"我的家庭"的三个形容词：_____

_____

父亲对我的影响：
父亲的工作影响我 _____

_____

父亲和亲友的相处影响我 _____

_____

父亲的生活方式影响我 _____

_____

父亲的个性和专长影响我 _____

_____

父亲对我的管教方式影响我 _____

_____

母亲对我的影响：
母亲的工作影响我 _____

_____

母亲和亲友的相处影响我 _____

_____

母亲的个性和专长影响我 _____

_____

母亲对我的管教方式影响我 _____

_____

我的兄弟姐妹中，影响我最深的是
人：_____
原因：_____
整个家族中，影响我最深的是
人：_____
原因：_____
父亲对我人生发展的期望是

_____

母亲对我人生发展的期望是

家族其他亲人对我人生发展的期望是

二、校园环境

对于大学生来说,利用好校园资源很关键。因为你要在这个校园度过三年的大学生活,所以越早熟悉越好。大一学生可以和寝室或同班同学拿上学校地图,花一周时间把学校转个遍,先从了解学校历史开始,再按照学校的区域布局把教学楼、食堂、图书馆、家属区、"吃喝玩乐"的地方都了解一下,尤其是大家私底下谈及次数最多的地方都要了解清楚,比如"伤心亭""公主楼"等。只有了解了校园的历史与设施才能更好地融入校园文化,同时也为自己下一步的校园生活带来便利。

(一)校园硬件

校园硬件包括图书馆、教室、实验室、机房、食堂、超市、银行、邮局、运动场、报告厅等。校园硬件环境是学生入校后要尽快熟悉的环境。大学的教室不同于中学,有的时候是按课程安排教室,不像中学时按班级安排教室,不是老师找教室。而是学生找教室,往往有些学生因找不到教室而迟到或缺课,这种情况要尽量避免发生。另外,图书馆是大学生大学期间最常去的地方,在这里受益最多。因此,图书馆是大家最应该熟悉的地方。

(二)校园文化和学校历史

校园文化包括校训、校歌、校风等。如清华大学的校训是"自强不息、厚德载物"。这些反映了学校的创办宗旨和方向,是校园人受教育的内容之一。从校史可以看出学校创办过程中所走过的路,让大学生更懂得作为学校的一员应该为学校的建设和发展做出什么样的贡献,怎样成为一名能够写入学校发展史的校友。

(三)室友、班友、校友、老乡

新生入学,最希望能找到自己熟悉的人,这些人中首先就包括接送自己入学的高年级同学,当然,自己寝室的室友、班级的同学,尤其是与自己同来的中学同学以及自己家乡或者中学的高年级同学。这些人可能给自己的大学生活提供较多的帮助。

(四)老师

老师主要包括辅导员、班主任老师和专业老师。老师对学生的影响是至关重要的。所以,学生要尽可能地主动与老师接触,了解学校的要求和专业要求,积极协助老师。

(五)社团

选择一两个社团参加其活动是很重要的事情。所以在选择之前要认真研究。

(六)学校就业指导中心

这里之所以把学校就业指导中心单独列出来,是因为大多数学校就业指导中心都承担着生涯教育课程的职能。作为专职为学生生涯和就业服务的机构,同学们应该知道它的位置。

三、所在城市环境

(一)城市环境、人文环境

城市环境是指城市的建设,城市的区域,城市在全国、本省、本市的地位,有什么旅游景区,有什么工业园区、商业区。这个城市的市容、市貌、市花、历史和文化环境等。

(二)经济发展水平

经济发展水平与该城市对人才的需求相关,因此也与大学生的就业密切相关。这是大学生们应该重点了解的内容之一。

(三)产业结构及重点相关企业

城市的产业结构是影响不同专业学生就业的重要因素之一,所以对相关专业院校的学生来说,产业结构及重点相关企业是同学们在校期间应该了解的信息,而且尽可能地到相关企业去实习和见习。

(四)城市资源的利用

一个城市会有什么资源呢?在回答这个问题前,需要你对所在的城市进行调研,表 3-1 是进行城市调研时需考虑的具体问题。

表 3-1 城市调研项目清单

项　　目	调研结果
这个城市是	
这个城市的地理位置是	
这个城市有多少人口	
这个城市有多大面积	
这个城市地形地貌怎样	

续表

项　　目	调研结果
这个城市的交通情况如何	
这个城市都有什么民族	
这个城市有哪些活动或民俗特色	
这个城市的生活质量如何	
这个城市的消费环境如何	
这个城市的休闲氛围怎样	
这个城市的居民素质怎样	
这个城市怎样看待外来人口	
这个城市主要经济结构是	
这个城市有哪些王牌行业和企业	
这个城市的房价怎样	
这个城市都出了哪些名人	
这个城市有哪些风景名胜	
这个城市有哪些文化古迹	
这个城市有哪些标志性的建筑	
这个城市有哪些著名的小吃	
这个城市人均收入怎样	
国家、省市对这个城市有什么政策和支持	
这个城市现在的领导人是谁	
这个城市的城市定位和特色是什么	
这个城市最近几年的发展战略是什么	

　　通过以上问题的回答，我相信你会更加了解所在的城市。那么如何利用这个城市的资源呢？我们可以在"衣食住行、生老病死、安居乐业"十二个方面展开对一个城市的利用。

小知识贴士

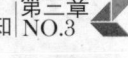

国家产业转移策略与大经济圈发展战略

目前国家实行的产业转移策略以及几个大经济圈的发展战略，对相关地区的人才需求造成重大影响。比如，产业转移政策带来中西部投资热潮的兴起，不少产业调整带来企业的搬迁。如深圳富士康公司北移至郑州，给郑州提供了数十万的就业岗位，在一定程度上缓解了河南省大学生的就业压力。环渤海经济圈，海南省旅游建省，广西东盟经济圈，传统的长三角、珠三角等，构成一个个城市发展的特点，这些特点影响着学生的就业和发展。

四、专业背景

案例1

笔者有一次在某校拜访院长时，碰巧有一位新生同学来找院长换专业。院长因为工作忙，请他在一旁等等。就在他等的几分钟里，笔者问他为什么要换专业，这位同学回答说："不知道！"笔者问了他学什么专业，想换什么专业，然后帮他分析现在所学专业的优势和就业去向，就这短短的几分钟、几句话，就让他改变了来院长办公室的初衷，后来还成为本专业的拔尖学生。在这一专业中他找到了自己的兴趣和爱好。

案例2

当别人拿到大学录取通知书时，都会十分高兴。但胡某自拿到通知书的那一天起，心情就十分郁闷，开心不起来，因为他被"生命科学系"录取。入校后，他根据自己喜欢从事与人打交道的特点，定位于毕业后从事人力资源的工作，所以，他积极参加学生会，从学校开始就锻炼和培养自己的管理能力。在校期间，他在保证专业学习不拖后腿的同时，参与组织了"2008全国十佳大学生年度人物评选"，并为该校荣获优秀组织奖，是参加学校之中唯一的非重点院校获奖代表队，为学校赢得了荣誉。毕业实习时，他也选择了一家从事大学生生涯教育的公司实习，展示了他在这方面的志向和能力。

专家分析

在大学生中,有相当一部分人在入学之初对自己的专业并不太了解的。其中原因比较复杂:有的是报考志愿完全是由家长做主的,有的是老师推荐,有的是调剂过来的。有的同学因为对专业不了解,导致厌学、弃学或者荒废学业。大学低年级学生挂科比较普遍的现象可以反映这一点。处理得较好的是能够在学习中逐渐加深对本专业的了解和热爱;也有的按照六十分万岁的思想争取完成学业,而尽早选定第二专业学习来发展自我;但也有部分学生不能很好地面对这种情况,会陷入很深的纠结之中。种种现象出现在包括名牌高校毕业班同学在内的大学生之中,因此专业认知是一个普遍存在的比较严重的问题。

专业背景要了解的内容主要包括以下几方面:

(一)课程设置

本专业有哪些主干课程?这些课程分别在什么时候开设?哪些是基础课程?哪些是专业基础课程?哪些是核心专业课程?哪些需要进一步深化拓展?哪些学科与本学科关联?等等。

(二)专业老师及学术带头人

本校本专业的优秀老师和学术带头人有哪些?本市本专业相关领域的学科带头人有哪些?有哪些课题是哪一级的课题?国内本专业领先的学校是哪些?国家级学术带头人有哪些?

(三)专业发展现状及前景

本专业相关学术水平的现状和发展趋势、难点和重点,对国民经济的影响和在社会经济中的地位等。如与节能减排相关的钢铁与光伏专业,就属于产业结构调整的不同方向。

(四)专业相关杂志和网站

专业相关杂志和网站是大学生们了解本专业最好的参考工具之一。它可以弥补课堂教学的不足,也可以带来许多可与老师交流的话题,更可以了解自己所学的知识与社会需求之间的差距,所以同学们应该尽早关注。

五、职业背景

(一)专业与职业的关系

> **案 例**
>
> 笔者有一次去学校讲座,在讲课之前,遇见一名大三机械系的学生。他问我:"老师,我是一名机械系的学生,但我不喜欢机械专业,我喜欢证券。你怎么能帮助我让证券公司录用我?"我了解到他除了已经考取一个证券从业证书之外,没有经过任何的证券从业训练和实习,这对行业准入门槛较高的证券行业来说,确实有一定的难度。因此我建议他充分发挥自己的专业优势,找到自己的专业与打算从事的专业的关联点。
>
> 你们能想到机械与证券的关联点吗?

大学的学习和生活是为就业做准备的。我们提倡自己发现"优势我",即了解自己的优势,其中也包含自己的专业优势。我们鼓励大家尽量在自己的专业范围内寻找就业方向。因此,本专业与相关行业的关系、相关行业中有哪些著名企业、这些企业有哪些职业与本专业相关、用人岗位有什么岗位要求等,都是大学生们在校期间必须了解的。

(二)职业准入标准

任何职业都有准入标准。所以按照准入标准去做准备,是同学求职应聘最需要做的事情。现阶段高等教育中存在一些脱离社会需求办学的情况,这给大学生就业也带来一定的困难。但作为学生本身,应该尽可能地了解未来打算从事职业的准入标准并积极做好准备,正所谓"机遇垂青于有准备的头脑"。这样才会在求职应聘中闯关夺将,一路成功。

六、社会环境

(一)国家对高职高专人才的培养目标

我国的高职高专教育是国民教育体系中高等教育的一种类型和层次,是和高等本科教育不同类型、不同层次的高等教育。和本科教育强调学科性不同,高职高专教育是按照职业分类,根据一定职业岗位实际业务活动范围的要求,培养生产、建设、管理与社会服务第一线需要的实用型(技术应用型和职业型)人才。这种教育更强调对职业的针对性和职业技能能力培训,是以社会人才市场需求为导向的就业教育。

高职高专教育是我国高等教育的重要组成部分,培养拥护党的基本路线,适应生产、建设、管理、服务第一线需要的德、智、体、美等方面全面发展的高等技术应用型专门人才;学生应在具备必备的基础理论和专门知识的基础上,重点掌握从事本专业领域实际工作的基本能力和基本技能,具有良好的职业道德和敬业精神。

世界上不少发达国家的成功实践已经证明,一个国家的发展需要不同类型的人才,经济发展决不能缺少能工巧匠。中国是制造大国,需要大量熟练技工、技师和工程师等具有各方面特殊技能的人才,他们是促进科研成果转化的中坚力量。我国大力发展高职高专教育,不是单为了减轻就业压力,更是国家经济发展的需要,是提升我国技术人员素质和提高制造业水平的关键举措。

(二)国家政治经济环境

国家的宏观政治经济环境对大学生就业的影响也是至关重要的。比如,国家2010—2020人才发展规划纲要对人才的需求做了整体规划,其中就涉及各个行业、各个地域的人才发展要求。国家的经济发展速度也影响着社会对人才的需求总量。2008年金融危机爆发之后,国家迅速出台一系列政策,如扩大研究生招生规模、安排见习生赴科研院所见习、增加专升本名额、鼓励创业和基层就业等,这些都与大学生的就业直接相关。

(三)国家产业政策

国家的产业调整也直接影响大学生的就业与职业生涯规划。比如,近年来,国家根据节能减排的需要,关停了不少高能耗的企业,其中包括冶金、钢铁、水泥、建材、小电站等能源消耗大户。这会影响其相关专业领域学生的就业。但同时,我国的建筑外包、高铁建设又需要大量的优质劳动力资源来满足其业务大量拓展的需要。

2010年,国家还制订了多个产业从东部地区向中、西部转移的产业政策,制订了长三角、珠三角、环渤海、中西部产业经济圈、海南发展计划等发展规划。这些产业政策调整也直接影响相关区域性大学生就业的选择和职业生涯发展规划的制订。

(四)行业的发展趋势和就业情况

每一个专业都有许多相对应的行业可以作为职业发展的选择。在你决定去哪个行业发展之前,当然要首先了解该行业的发展趋势,这可从该行业的五年规划中找到答案。每个行业的就业形势分析也是我们应该重点了解的内容。

第二节 环境认知的途径

一、查阅文献

将个人希望了解的职业方向（或职业群），通过网络、书籍、期刊及有关声像资料，进行初步查阅；选定各种典型职业，进一步对其入门所需的基本条件如学历、资格证书、身体条件等进行查阅；通过查阅使自己对做好职业工作所需要的知识、技能、生理条件及个性特征有一个初步的认识，对该职业的生存环境及发展前途以及个人循此发展可能取得的职业成就等形成初步设想。

二、向学长和老师咨询

学长和老师是大学生认知环境的重要途径。因为，不论是校园环境，还是城市环境；不论是专业背景，还是职业要求，学长和老师都可以为大学生提供更加详细准确的信息。这有助于大学生认知环境。

三、借助媒体

现代社会，媒体无所不能，信息非常丰富。从媒体上，我们可以了解国际国内政治经济形势，了解某一领域或区域的经济发展状况和政策，了解各行各业的发展动态，了解某个企业甚至产品的市场情况，所以充分利用媒体去初步了解相关信息是十分重要的。

四、见习和实习

当代大学生缺乏社会实践，对社会的认识不多，所以必须鼓励大学生尽量多地参加社会实践活动，尤其是与专业或就业有关的见习或实习。在见习或实习中，大学生们不仅可以了解社会，更可以检验自己所有专业知识与现实工作的吻合度，可以发现自己所学知识与现实工作之间的差距。在实习或见习过程中，还可以巩固学校所学的知识，并且可以提升大学生们的职业技能。在见习和实习中，我们可以增加自己对环境的认知程度。因此，见习和实习是同学们认知自我和认知环境的重要途径。

五、职业体验

大学生职业体验是通过短期实习、参观和见习活动来认知环境的有效方式。通过职业体验能使大学生对企业的运行模式和企业文化有更多直观的认识,同时对企业对人才成长素质的要求有更深的感受。

(一)职业体验的意义

(1)通过对职业的亲自体验,让学生了解目标行业的发展现状和前景,明确自己的发展目标,为自己的人生规划提供科学依据。

(2)职业体验帮助学生更好地将理论与实践相结合,强化专业知识学习,提高专业素养。

(3)为学生创造提前与用人单位接触的机会,有利于用人单位和学生的相互熟悉,加深了解,增强学生就业能力。

(二)大学生职业体验活动的流程

(1)确认准备体验的工作岗位。

(2)查找体验单位信息。

(3)联系体验单位。

(4)确定体验时间。

(5)体验过程(记住要拍工作照)。

(6)撰写体验报告。

(三)职业体验报告内容

(1)体验单位的名称及详细的体验时间、地点,体验目的。

(2)具体体验过程及描述。

(3)专题报告结论、建议、心得体会,或是你在此次实践中感到不足的部分。

(4)体验活动的相关证明材料。

(四)职业体验报告范例

> 我是一名编辑出版学专业的大学生。今年寒假,我在某出版社进行了为期一周的编辑岗位职业体验活动。
>
> 本次职业体验的目的为:了解出版社的工作环境和工作流程,了解编辑岗位所需的专业知识和职业素养。

出版社是一个比较安静的、充满文化气息的地方，每一位编辑的工作都是紧张而有秩序的。我在一位老师的推荐下，来到了"经管事业部"，在沈编辑的热心帮助下，体验了两天的编辑工作。第一天，刚好有一份新稿件交到沈编辑手中，我就试着边学边做，干起了编辑加工的工作。沈编辑特别挑选了比较容易的部分让我看，我努力用规范的编辑符号去修改稿子，同时还要睁大眼睛，用心去发现稿件中存在的问题。每当我发现一个小语法错误或者是错、漏字的时候，都会在心里窃喜一下。我一直很认真地看着，不知不觉就过了半天的时间，发现自己才只看了几页稿子，但是沈编辑还是鼓励我说很不错，且帮我指出了一些专业知识方面的问题。下午的工作效率有所提高，但还是没有太大的进步。第二天，我深刻总结了前一天的经验，编辑书稿的速度有了明显提高，但是总有新的问题不断出现，让我深感要学的东西实在太多了。这时候，沈编辑已经开始针对书稿中的问题和作者交流意见了，这让我感受到编辑工作既要有文字功夫，还要有良好的沟通合作能力。

　　第三天，我又来到了校对部。因为有了编辑工作的体验经历，在这里相对适应得比较快。而且校对工作内容相对单纯一些，更注重标点、版式的统一、文字是否正确的问题，文章内容的结构和逻辑问题已不是校对工作关注的重点。但是这个工作更要求细心和把握整体，我看的稿件之中，还是难免有很多漏看和错看之处。

　　第四天和第五天，我分别见习了录排、编务、发行和复审等老师们的工作。这两天我除了感受到专业技能的必要性外，更加感受到，各个部门的分工合作是图书顺利出版、发行的有力保证。

　　通过这次的职业体验活动，让我对编辑出版工作有了明确清晰的认识，对编辑所需的专业知识和职业技能有了更多的了解。作为一个合格的编辑，既要具备扎实的专业知识，又要有广博的知识面；既要注意细节，又要把握整体；既要有坚实的文字功底，又要有良好的人际沟通能力；既要保证本岗位环节的工作，又要避免给其他合作部门和其他环节造成麻烦。我在本次体验过程中，虽然一直很用心，但是自身专业知识不足和实际经验不足的缺点还是为实践工作设置了很多障碍。这次体验让我更加明确了今后努力的目标，我将更有目的地去学习和锻炼自己，制订合理的生涯规划。

六、生涯人物访谈

生涯人物访谈是通过与一定数量的职场人士(尤其是自己感兴趣的职业的从业人员)会谈而获得关于某一个自己打算进入的行业、职业或企业信息的一种职业探索活动。

(一)生涯人物访谈的意义

通过生涯人物访谈,一般可以了解该行业或企业的相关信息,了解该职业的岗位要求及薪酬标准、发展空间等,进而可以作为自己是否进入本领域的重要参考;访谈也可以检验自己是否真的对这项工作感兴趣。这实际上是一次简捷、快速的职业体验,是大学生了解职业的一个好方法。具体而言,生涯人物访谈有以下作用:

(1)实地考察职业,进而明确你的职业生涯目标;
(2)扩大你的职业人际关系网;
(3)树立工作面试的信心;
(4)了解企业内部的组织管理,获取最新的职业信息;
(5)了解自己专业优势和职业能力的差距,更好地认知自己的职业能力。

(二)生涯人物访谈的主要内容

为了能更全面地了解职业相关信息,在做生涯人物访谈时,既要理解相关职业的客观要求,又要想办法了解从业者的主观感受。以下是一份生涯人物访谈内容清单(表 3-2),包含从职业的客观要求和从业者的主观感受两方面获取访谈的内容。

表 3-2 生涯人物访谈内容清单

职业需求方面	生涯经验方面
工作性质、任务或内容	个人的教育经历和工作经验
工作环境、工作地点和工作时间	选择从事该职业的原因
职业所需个人学历、资格、技能或经验	职业发展历程
收入或薪资范围以及各项福利	工作心得:乐趣和困难
职业的相关就业机会	对工作的个人看法
进修和升迁机会	取得良好工作业绩的方法
组织文化和规范	对未来职业发展的设想
职业未来发展前景	对职业新人的建议

(三)生涯人物访谈的方法

当你决定要进行生涯人物访谈时,你可以按照以下的方法进行,将生涯人物访谈分为七个步骤进行(图 3-1)。

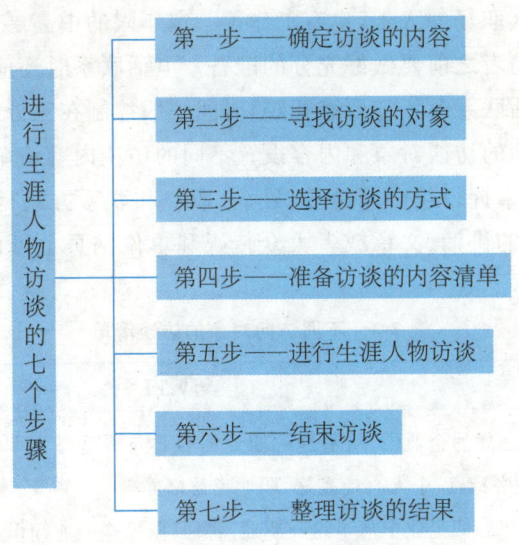

进行生涯人物访谈的七个步骤
- 第一步——确定访谈的内容
- 第二步——寻找访谈的对象
- 第三步——选择访谈的方式
- 第四步——准备访谈的内容清单
- 第五步——进行生涯人物访谈
- 第六步——结束访谈
- 第七步——整理访谈的结果

图 3-1 进行生涯人物访谈的七个步骤

第一步,确定访谈的内容。首先要明确通过访谈了解什么内容,是行业、企业方面的信息,还是职业、职位方面的信息。这就需要先对自己的职业发展方向有个大致的了解,在此基础上确定自己的职业探索内容。

第二步,寻找访谈的对象。通过老师、家人、校友等的推荐找到这些被访谈者,也可以按照自己的志愿去主动寻找他们,还可以通过网络社区、辅导网站、专家博客等网上途径去找到访谈对象。

第三步,选择访谈的方式。生涯人物访谈的形式包括面对面访谈、电话访谈和书面访谈(通过电子邮件、MSN、QQ、网上专题答疑节目、专家博客)等。

第四步,准备访谈的内容清单。为了提高访谈效率,需要认真做好访谈前的准备,提前制作访谈内容清单。

第五步,进行生涯人物访谈。如果是面谈的话,一定要守时,不要浪费对方的时间。

第六步,结束访谈。访谈结束时,要礼貌地表示感谢,可以赠送一些自己的作品、所学专业的宣传资料或小礼物给对方。在访谈结束后一天之内,发一个短信表示感谢,或者写一封感谢信给被访问者,并简要说明自己的访谈收获。

第七步,整理访谈的结果。访谈结束后,要及时整理、分析和归纳访谈纪录,并确定是否要进行后续或其他的访谈。

(四)生涯人物访谈的注意事项

(1)要根据访谈的内容确定不同的访谈对象,而且每个职业领域的生涯人物应结构合理,既有初入职场的人士,也有工作了一定年限的中高层人士。

(2)在预约被访者之前要做好充分的准备。电话联系时还应备好纸和笔,以备临时电话采访;电话联系时一定要有礼貌,时间一般控制在三分钟以内。

(3)要根据不同的访谈对象和内容设置不同的访谈内容清单。在正式访谈前,对生涯人物的信息掌握得越全面越好,姓名、职务和联系方式是必须要了解的,对于可以在生涯人物的讲话、文章或者大众传媒和单位网页上可以获得的信息要尽可能地收集(表3-3)。

表3-3 不同访问对象的访谈清单

访谈对象	访谈内容
人力资源部相关工作人员	1.在您的企业中,从事这一职业需要具备哪些基本职业素质?例如,个人性格特点、个人兴趣爱好、职业道德修养等。 2.在您的企业中从事这一职业需要具备哪些专业知识、技能和经验? 3.您的企业对应聘这一职业的应届大学毕业生有哪些具体的要求? 4.请您评价一下从事这一职业的往届大学毕业生的工作现状。
从事该职业的在岗员工	1.在您的企业中,从事这一职业需要具备哪些基本职业素质?例如,个人性格特点、个人兴趣爱好、职业道德修养等。 2.在您的企业中从事这一职业需要具备哪些专业知识、技能和经验? 3.请您谈谈在从业过程中,您遇到了哪些具体的问题和困难。例如,岗位技能、人际关系、个人待遇等。
从事该职业的往届毕业生	请您谈谈在您工作中遇到过哪些问题和困难。例如,岗位技能、个人待遇、与同事的关系等方面。

(4)如果是面谈的话,一定要守时,不要浪费对方的时间;面谈前征求生涯人物的意见,视情况对谈话进行录音、录像或文字记录,提问要灵活变通,可以适当增加或减少一些提问的问题,不要按照清单顺序机械地提问;尊重被访谈对象的感受,当涉及年龄、职务、收入、家庭等敏感话题时,要斟酌措辞;注意观察被访谈者的工作环境,感受真实的工作氛围。

【拓展练习】

生涯人物访谈。

找机会深度访问几个你认为比较成功的人,最好是与你的专业背景相同或相似的人。

本次访谈目的 _____

选择目标人物的基本情况 _____

访谈准备的问题 _____

实际的交流结果 _____

本次访谈的收获和心得 _____

电话访谈

访谈对象:某公司会计师,王先生

访谈时间:2010年12月8号 14:30—14:50

访谈方式:电话拜访,交谈。

下面是访谈的主要内容。

问题1:您是如何找到这份工作的?

答:用人单位在人才市场招聘,通过应聘、笔试、面试被录用。录用后有三个月的见习期,见习期满后,单位觉得我胜任财务工作后,才被正式录用。

问题2:目前,行业内要求从事这份工作的人应该具备什么样的教育和培训背景?

答:做好财务工作要具备一定的会计专业基本知识和基本技能,并取得会计任职资格证书,初级以上职称,三年以上工作经验或具有中级以上职称,有一定的沟通协调能力,对税法、财务成本管理都要有一定的了解。

问题3:您认为做好这份工作应该具备哪些知识?

答:从事会计工作,首先应具备一定的会计基本知识,主要还在后天的实践,要不断地在实践中提高自己。会计知识可以通过培训获得,也可以自学。现在有很多网上学校,可以去听课,名师们都讲得不错。随着全球经济一体化,会计知识也在不断更新,计算机技术也运用到这个领域,更要求会计人员能不断适应新形势的发展;更新知识、技能和经验。

问题4:您认为什么样的个人品质、性格和能力对做好这份工作来讲是重要的?

答:从事会计职业要求从业人员诚实守信,客观公正,坚持原则。按照会计准则和财务会计制度进行核算和报告,披露会计信息,及时给投资者、债权人、管理层提供报告。做财务工作也要有足够的耐心和细心,能力可以在工作中慢慢提高,而诚实守信、客观公正、坚持原则是最重要的。

问题 5：这项工作需要的个人品质、性格和能力同别的工作要求的有什么不同吗？

答：会计工作要求的个人品质、性格、能力与别的工作有不同之处。就是特别要求会计人员客观公正、诚实守信,要有足够的耐心和细心,要有全局观和服务意识,同时要求有不断进取的精神,及时更新知识,适应新的法规、制度。要对税法、财务成本管理等知识融会贯通,熟练运用。

问题 6：建筑行业内,单位对刚进入该领域工作的员工一般会提供哪些培训？

答：进入会计工作领域,首先要通过会计资格考试并取得证书,这是最基本的要求,同时也要取得会计电算化证。进入建筑领域后要随职位的变化,取得助理会计师资格证、会计师资格证等。从业后,单位会组织学习本公司章程、财会法规等,了解本单位的会计核算情况。没有行业培训,但每年都有会计专业资格考试。

问题 7：在行业内,先从什么样的工作岗位做起,能学到最多的知识,最有益于发展？

答：从事会计工作要先从基本的做起,做出纳、记账员、成本核算员,积累了经验后可以进行财力预测与决策、分析控制与考核,以全面掌握企业财务管理知识,有益全面发展。单位也可以进行必要的轮岗,使从业人员更快地熟悉全面管理,也有利于内部牵制。

问题 8：据您所知,从事这种工作的人在单位或者行业内发展的前景如何？

答：从事财会工作的人员,在单位或行业的发展前景还是可以的。我国的注册会计师队伍的人才缺口还很大,高级管理人员相对少,可以先做基础工作,积累了经验后可以做主管、财务总监。当然,有注册会计师资格证的话,也可以到会计师事务所、审计师事务所等单位发展。财务管理涉及企业管理的方方面面,把这项工作做好,更有利于做好企业管理工作,有利于提高自己,也可以做职业经理人。

问题 9：最近这个行业和工作因为科技进步、经济的全球化发生变化了吗？

答：随着我国社会主义市场经济的发展,我国经济的发展已经融入世界经济的发展之中,全球经济正走向一体化,财务核算也要与世界接轨。2007 年实行新的会计准则,上市公司从 2007 年起已经实行,其他企业也会逐步实行,知识也在不断更新。

问题 10：您如何看待该单位的组织文化和该领域的工作方式在将来的变化趋势？

答:随着计算机技术的发展,计算机也正运用到会计领域,简化了核算工作,要根据情况选用软件;财务管理的组织文化和工作方式也会发生变化,由原来的手工记账向计算机记账发展。

问题11:男女工作者在这份工作上机会均等吗?

答:男女工作者在这份工作中机会均等,有很多女性从事这份工作。女同志心细,或许更适合会计工作。

问题12:平常,在工作方面,您每天都做些什么?

答:日常工作是核算和监督,随着经济发展,会计工作也向预算、分析、考核、发展。工作之中要多向同行学习,也可以网上学习,并关注新的准则,以不断完善丰富这方面的知识。

问题13:您在做这份工作时,什么是最成功的?什么最有挑战性?

答:做财务工作最成功的就是自己所提供的分析数据能为企业所用,为企业决策做出贡献,也是最有挑战性的。

问题14:就您的工作而言,您最喜欢什么?最不喜欢什么?

答:在工作中无所谓喜欢不喜欢,分内的工作总得去做,尽量以愉快的心情完成工作。

问题15:从事这份工作实现了您的人生价值吗?家庭对您现在的工作满意吗?

答:选择财务工作也实现了我人生的价值。财会是我的专业,能学有所用我真的很高兴,家人对我从事这项工作也很满意。

问题16:在您的工作领域里初级职位和略高级别职位的薪水一般是什么水平?

答:在财会工作领域中,初级职称一般工资在一般地区的水平在1 500元左右,略高级别的职位在2 500元左右。在经济发达地区可能要好些,特别是人才缺口大的沿海地区。

问题17:据您所知,有什么职业杂志、行业网站或其他渠道能帮助我深入了解这个领域?

答:北大东奥会计网站、会计专家等可以帮助你深入了解这个领域。要想更多的了解,可以向相关人事咨询这方面的事情。

问题18:您的熟人中有谁能够成为我下次采访的对象吗?可以说是您介绍的吗?

答:熟人中有个叫王某某的可以成为你下次采访的对象,可以说是我介绍的。

问题 19：您怎么看待考研？

答：对于考研，由于我已经毕业近十年，对那一领域不甚了解，所以对你所提出的问题无法回答。

电子邮件访谈

我是一名大二的学生，大一玩了一年，现在到了大二，是该把心收回，为自己将来做打算的时候了。我喜欢计算机，为此我采访了我校2002级数学与计算机学院信息与计算机专业的师兄，毛师兄一毕业便就职于华为公司。众所周知，华为公司是电信网络解决方案供应商，在中国IT业中赫赫有名。作为一个中央民族大学的理科毕业生，在大学毕业生就业形式相当严峻的今天，毛师兄能在本科毕业后，在求职面试中脱颖而出，成功进入华为，实属不易，令我钦佩。为此我带了如下几个问题以电子邮件的方式采访了他。

1.请介绍一下您是如何找到这份工作的。

答：我现在进入的公司，在我高三的时候我就知道了，所以比较了解这个公司，我也喜欢计算机这个职业，所以可以说是我选择了公司，而不是公司选择了我。

2.在这工作岗位上，您每天都做什么？

答：我所在的部门是数通产品线。华为公司靠它起家，主要是路由器和交换机相关的软件增强和维护。

3.这工作需要什么样的知识、技能和经验？

答：需要计算机相关的各种知识，硬件、软件方面的，我用的是C语言。

4.这份工作对所学专业有什么要求？

答：首先要对各种操作系统了解，对IP转发流传了解，对C语言精通。

5.这份工作的初级、中级职业薪水大约是多少？

答：薪水制度很多，从总的方面来说，有基本工资、绩效工资、考评工资、各种补助。你的工作越突出，那么你的腰包越鼓！在整个IT界，工资算可以，4 000～6 000元。

6.什么样的个人品质或能力对本工作的成功来讲是重要的？

答：务实，求进，创新，谦虚，团队合作精神。

7.参加什么培训取得什么证书对取得这份工作有帮助？

答：英语水平，MINI培训……总之，你学得越多，对你越好。证书是基本的，但不是最重要的，关键在自己的能力。

8.你们的单位对刚进入该领域的新员工提供哪些培训？

答：工作技能、公司制度。培训是长期的，随着你的成长培训的内容也在变化。

9.通过什么渠道(如报纸、杂志)可以帮助我深入了解该领域？

答：你通过网络、华为大学出的书刊可以了解一些东西。

10.您所在职位的"职业晋升路线"是什么？

答：软件工程师⇒高级工程师⇒总工

11.您是如何看待这项工作的未来发展前景？

答：只要有人类的存在，那就无穷无尽。

12.根据您对我所学专业的了解，您认为我在大学期间还应该做什么才能在毕业后进入这个工作领域？（我学的是生物科学）

答：你如果改行，那需要做的工作很多，太多太多。我没有这方面的经验，抱歉。

13.最后，再请您对大学生朋友提出一点建议。

答：一定要抓紧时间学习知识，学精，我现在感觉到大学是非常重要的，决定你步入社会后有什么样的发展！

通过这次采访我了解到计算机这行业有很大的发展前景，正如第十一问所答的：只要有人类存在，那么发展就无穷无尽。从事这行业也很辛苦，但一分耕耘一分收获，所得到的报酬也相当可观。在采访之后，我觉得毕业于哪所大学或许会给你带来暂时的荣誉与利益，但是从长远来讲，不管你毕业于哪所大学，只要你愿意努力，不怕付出比他人更大的代价，就能够实现愿望，获得成功。

所以，在校大学生应该以学习为主，抓紧时间学习知识，并懂得学精，而且大学期间还要学书本以外的很多东西，以获取证书，虽然证书不是最重要的，但是基本的。此外，还要提高自身精神方面的素质。如培养创新精神，学会如何与他人交往，建立良好的人际关系等。通过这次采访不仅获取了有关计算机行业的信息，填补了我以前的空白，还使我扩大了人脉关系网，同时也使我了解了自己的不足：知识储备还很少，能力还较低。这提醒了我日后注意知识的积累，继续努力，提高自身能力，为以后的就业做好充分准备。

七、参加社团及社区活动

参加社团可以锻炼自己的组织、协调、人际沟通等能力，可以多方面展示自我的才干，当然也可以增加对校园环境的了解和社会环境的认知。

参加社区活动，可以走出校门，增加与社会接触的机会，帮助大学生对社会进行更贴近的认知；可以帮助大学生从社会人的角度来看待社会及社会上的各种现象，这对帮助大学生做好环境认知也是很重要的。

八、做义工

案例

小兰,某民族大学毕业生。她在北京某社区做义工的时候,正值"两会"前夕,有一天,巧遇温家宝总理到社区调研,正好被选中为调研对象。她很好地回答了总理的提问,得到了总理的夸奖。因此,她毕业后留在了这个社区工作,这也改变了她的人生发展轨迹。事后,我们采访她时,她很兴奋地说道:"这真是一辈子都值得纪念和自豪的事情!"能够跟共和国的总理面对面地谈话,是她的福分,也是社区工作给她提供了这个机会。

专家分析

不少同学不太关注义工这项工作,实际上任何工作都有它特定的意义。通过义工可以为自己了解社会、服务社会提供一个很好的途径;同时也为检验自己的工作能力、验证自己的知识提供了实际场所,并且还可以给自己带来许多新的机会。

义工是不以经济回报为目的的志愿工作。这种活动尽管没有报酬,但对大学生了解社会来说确实是一个新的重要途径。比如,2008年北京奥运会、2010年上海世博会和2010年广州亚运会,都为大学生提供了众多的义工岗位。不少同学在做义工的同时,直接参与了许多原属职业人才能从事的工作。大学生们通过做义工,能让自己更全面地认知社会环境。

第三节 环境认知的阶段性

前面已经学习了大学生环境认知的主要内容,但是,每个人认知环境的能力和精力是有限的,于是,我们根据各个阶段学生的特点和环境认知内容的迫切性,进行了以下归类。

一、新生期大学生的环境认知——重在了解校园的硬件与软件

新生入学,为了更好地融入新的环境,除了对学校的生活与学习环境要进行必要的了解之外,还应对学校的文化和历史要有一个清晰的了解。具体应该了解的内容可以参考以下表格进行认知,请同学们在一周内把表3-4完成。

表 3-4　新生期大学生环境认知表

了解的项目		了解的内容				
		位置	开放时间	使用条件	注意事项	负责人或联系人
校园硬件	图书馆					
	教室					
	实验室					
	机房					
	运动场					
	超市					
	食堂					
	洗澡堂					
	开水房					
	报告厅					
	就业指导中心					

了解的项目		了解的内容					
		姓名	家乡	兴趣爱好	联系方式	职务	……
人脉圈	室友						
	班友						
	老乡						
	校友						
	老师						
	领导						

了解的项目		了解的内容					
		组织的主要职责	负责人	部门分配	部门负责人	部门职责	加入条件
社团组织	国旗班						
	社团联合会						
	社团						
	学校学生会						
	院系学生会						
	各类协会						

二、低年级大学生的环境认知——重在了解城市、专业和行业

大学新生在度过适应大学新生期阶段之后,即开始了正常的大学生活了。在这期间,大学生们要进一步了解城市、了解专业,要逐步了解本专业与相关行业的关系。

(一)所在城市

了解城市对大学生更好地规划自己毕业后的去向有很大的帮助。对所在城市的了解,应该从以下几方面着手。

市情概况:对所在城市的市情做一个简单的了解。

历史沿革:了解所在城市的历史沿革,有哪些值得重视的人文景观。

地理环境:所在城市的地理位置,在地图上找出来,包括周边的山水。

行政区域:所在城市属于哪个行政区域,管辖范围有哪些?

地方特产:有什么地方特产?

经济发展:经济发展水平、优势和不足,与本专业相关的行业有哪些?

交通建设:城市交通情况如何?包括城际交通和市内交通。

对外交流:与哪些国家有交流或结成友好城市?

文化事业:文化事业发展水平。

教育事业:有多少所高等院校?在什么位置?与自己相关的专业有几个?

著名景点:有哪些著名景区、公园?

(二)所学专业

大学生与中学生有一个很大的不同,就是中学生以上大学为学习目的,学习的是基础知识,而大学生则是以毕业后就业去应用知识为主,所以都有相关的专业。因此,了解自己所学专业是大学生入学后最重要的工作之一。对所学专业的了解,从专业老师、学术带头人(本校、本市、本领域)、主干课程、本专业发展现状及就业前景、专业培养目标、专业的基本要求、本专业相关学术机构、杂志和网站等方面进行。了解这些与专业相关的内容,一方面有助于大学生尽早对专业学习进行合理规划,另外也可以通过对专业的了解而培养专业学习的兴趣,以便能在枯燥乏味的专业学习中找到自己的乐趣,从而在专业领域获取丰硕成果。

(三)专业所对应的行业

"男怕入错行,女怕嫁错郎。"在就业压力空前巨大的今天,选择正确的行业,是决定个人发展前景和薪资水平最重要的因素。由此,大学生要分析本专业或喜欢的专业所对应的行业,并着手对行业进行探索和调研。

低年级大学生对环境的认知,请参照表3-5。

表 3-5　低年级大学生环境认知表

认知内容		记录
城市环境	市情概况	
	历史沿革	
	地理环境	
	行政区域	
	地方特产	
	经济发展	
	交通建设	
	对外交流	
	文化事业	
	教育事业	
	著名景点	
所学专业	专业老师	
	本专业学术带头人(本校、本市、本领域)	
	本专业主干课程	
	本专业发展现状和就业前景	
	专业培养目标	
	本专业的基本要求	
	与专业有关的学术机构	
	与专业有关的杂志	
	与专业有关的网站	
相关行业信息	行业的定义与范围	
	行业的意义与前景	
	行业内的标杆企业	
	行业准入资格	
	行业标杆人物	

三、高年级大学生的环境认知——重在了解社会、职业

高年级学生对环境的认知重在了解社会、职业，了解自己的知识和技能与毕业后欲从事的职业需求或毕业后的出路选择是否有差距。这是因为大学生们通过低年级学习之后，已经掌握了一定的专业基础知识和技能，对相关行业、专业及毕业去向基本上都有所了解。此时，应为毕业做准备。参见表3-6。

表3-6 高年级大学生环境认知表

	认知内容		记录
了解社会	就业形势	就业	
		专升本 — 自学考试	
		专升本 — 成人教育	
		专升本 — 全日制教育	
		专升本 — 网络教育	
		参军	
		考公务员	
		留学	
		创业	
	国家政策	国家层面的就业、创业优惠政策和措施	
		国家的产业政策	
		区域性政府的就业、创业优惠政策和措施	
		相关产业园区及优先发展的产业	
		与本专业有关的行业发展趋势，著名企业	
		与本专业就业有关的行业的准入标准、职业技能要求和就业形势	
		与工作和生活有关的幸福指数	

续表

认知内容			记录
了解职业	职业探索的内容	职业描述	
		职业的核心工作内容	
		职业的发展前景及其对社会和生活的影响、作用	
		薪资待遇及潜在收入空间	
		岗位设置及不同行业、企业间的差别	
		入门岗位及其职业发展通路	
		职业标杆人物	
		职业的典型一天	
		职业通用素质要求及入门具体能力	
		工作与思维方式及对个人的内在要求	
	所学专业所对应职业的准入门槛	相关职业资格	
		职业资格证书	
		职业等级证书	
		相关领域的法律常识	

(一)了解社会对本专业毕业生的需求

通过了解社会，我们要熟悉社会对本专业毕业生的需求，以便于更有针对性地进行毕业出路的选择。

- **1.就业形势**

要就业的同学，要进一步了解社会，包括社会对本专业毕业学生的需求、本专业所对应的就业领域，该领域在全国和本校所在区域有哪些著名企业，该企业中有哪些职业或岗位适应本专业学生就业，他们的职业要求有哪些。

打算考公务员的同学，要准备了解公务员报名资格和条件，准备申论等必考内容的复习。选择自己比较具备优势和感兴趣的领域参加考试。

打算参军的同学，也应了解国家的相关政策和优惠办法，了解军旅生活与大学生活的差别，做好心理准备。

打算专升本的同学,则应准备考本科的复习,选定通过自学考试、成人教育、全日制教育和网络教育中的哪种方式攻读本科并了解学校以及国家的考试新规。

打算出国深造的同学,则应搜集相应国家及学校的招生政策,着手准备相关外语考试、成绩单、推荐信、资金等,并要进行相关的联系。

打算创业的同学,要了解国家及地区的创业政策,要了解市场需求和产品相关信息,了解创办企业所需的程序和条件,做好创业的信息准备、心理准备、知识和技能准备、资金筹措,组建自己的创业团队。

- 2. 国家政策

对社会大环境的政治经济形势要做更系统、更深入的了解。要了解国家的产业政策和相关行业的中长期发展规划,特别是区域性的、近期的产业政策调整变化,对相关行业、企业的发展趋势进行判断,从中找出与自己专业相关的就业或创业机会。可从以下几方面着手:①国家层面的就业、创业优惠政策和措施;②国家的产业政策;③区域性政府的就业、创业优惠政策和措施;④相关产业园区及优先发展的产业;⑤与本专业有关的行业发展趋势和著名企业;⑥与本专业就业有关的行业的准入标准、职业技能要求和就业形势;⑦与工作和生活有关的情况。

(二)了解职业

- 1. 职业探索

职业探索,是对你喜欢或要从事的职业进行理论分析和实际调研的过程,目的是对目标职业有充分的了解,并在明确和职业的差距中制订求职策略,从而有效地规划大学生活。有效地进行职业探索,要从以下几个方面着手:①职业描述;②职业的核心工作内容;③职业的发展前景及其对社会和生活的影响、作用;④薪资待遇;⑤岗位设置及不同行业、企业间的差别;⑥入门岗位及其职业发展通路;⑦职业标杆人物;⑧职业的典型一天;⑨职业通用素质要求及入门具体能力;⑩工作与思维方式及对个人的内在要求。

- 2. 所学专业所对应职业的准入门槛

了解所学专业所对应的职业准入门槛需了解以下几个方面:①相关职业资格;②职业资格证书;③职业等级证书;④相关领域的法律常识。

(三)具体了解一个职业

如何认知职业对许多学生来说都是难题。而对职业认知的好坏直接影响到生涯规划的制订。根据经验,我们建议可以从以下八个方面来具体了解职业,即职业定义、职业概况、就业及未来发展前景、主要从事的工作内容、能力和技能要求、从业人员共有的人格特征、薪资待遇、对生活的影响。

这里以 2011 年新推出的"职业信用管理师"为例予以说明。

职业信用管理师

- 1.职业定义

"职业信用管理师"是指依托"中国职业信用公共管理平台"的职业信用管理技术,遵守国家相关法律法规,利用人力资源管理、企业管理及其相关学科的专业知识,遵循企业人力资源良性发展、提高职业人素质的基本原则,专业从事企业职业信用管理系统管理、导入实施以及在职员工职业信用风险管理的专业人员。

- 2.职业概况

一个完善的"职业信用体系"将会使企业人力资本增值,并使人力资源的管理更趋于法制化,从而使得中国的人力资本核心竞争力得到迅速提高,这一切正与胡锦涛主席关于"优先发展教育,建设人力资源强国"的要求相统一。

"职业信用体系"在全国各大中小型企业中的导入和应用急需大量的专业宣传、导入实施人员,而这些专业人员便是"职业信用管理师"。"职业信用管理师"作为职业信用产业链中的关键一环,必须是熟悉职业信用产业背景以及职业信用体系相关专业知识的高端人才。随着职业信用产业的发展,可以预计,在未来一年内,"职业信用管理师"必将成为整个职业信用产业从业人员的准入证。

- 3.就业及未来发展前景

随着我国社会信用管理制度建立及信用管理服务业的发展,职业信用产业的发展也将迅速驶入快车道。根据职业信用产业市场前景的相关调查分析,目前全国的各类大中小企业已达4000余万家,而10人以上的企业基本都需要配备拥有"职业信用管理师"资格证书的相关专业人员对企业的职业信用系统进行维护,再加之相关配套的行业从业人员,可以预计在整个职业信用产业中"职业信用管理师"的人才缺口将在500万以上,"职业信用管理师"将拥有着广阔的职业前景。

- 4.主要从事的工作内容

(1)进行职业信用理论概念的有效宣传。

(2)进行职业信用产品的推广。

(3)帮助企业进行职业信用产品的导入实施。

(4)培训企业正确使用"中国职业信用公共管理平台"。

(5)帮助企业解决在平台应用中遇到的各种问题。

- 5.能力和技能要求

职业信用管理师分为助理职业信用管理师、职业信用管理师和高级职业信用管理师三级。

(1)助理职业信用管理师能够正确理解并阐述职业信用相关概念,完成对企业、对个人的宣导工作,并利用相关的专业知识完成职业信用体系在企业中的导入实施工作。

(2)职业信用管理师能够完成职业信用体系在企业中的导入实施工作,同时能够利用其专业技能和特殊技能完成职业信用管理中复杂的、非常规性的工作,具有独立处理和解决职业信用管理专业技术和一定的组织管理能力。

(3)高级职业信用管理师能够顺利完成职业信用体系在企业中的导入实施工作,同时能够利用其专业技能和特殊技能完成职业信用管理领域中各种复杂的、非常规性的工作,同时能够独立完成工作中的高技术性的难题。拥有一定的战略策划能力,能够为职业信用体系提出创新性意见,并在职业信用管理中发挥其组织统筹的能力。

- 6.从业人员共有的人格特征

(1)责任感:职业信用管理师需要有强烈的责任感,而这份责任感的产生来自他对职业信用理念的认同。他必须明白职业信用产品对于职业人、企业、社会和国家的巨大价值。只有当他们认同了职业信用产品,他们才能怀着一份服务于社会的责任感,将职业信用产品向民众进行宣导。

(2)求知欲:因为职业信用产业是一个全新产业,其所涉及的理念和技术都是新的,而且随着行业的发展,其理论将不断完善,技术也将不断更新。因此,职业信用管理师作为理念和产品的宣导者,应该做到与时俱进,怀着深厚的求知欲,不断地充实自我,只有这样才能更好地服务于企业。

(3)逻辑性:职业信用管理师作为职业信用产品的企业导入者,需要掌握一定的操作技术知识用以教授客户。同时职业信用管理师也需要随时面对客户的各种提问,并给予正确的回答,而以上这些技能的熟练掌握都需要职业信用管理师拥有一定的逻辑性。

- 7.薪资待遇

职业信用管理师所面对的是一个全新的行业,因此其薪资待遇目前并没有行业标准。但是我们可以从其所涉及的服务内容来推导出其较为可行的工资薪酬标准。

职业信用管理师的工作内容中有类同于网站编辑的工作,同时又有人力资源专员的工作,更主要的是在面向企业宣导时,他的角色将成为一名培训讲师。多重角色的叠加将使职业信用管理师的含金量增强,也突显出职业信用管理师岗位的重要性。

依据相关岗位薪酬分析,网站编辑的工资待遇为2000~4000元,人力资源专员的工资待遇为 2000~3500 元,而培训讲师的薪酬较高,从 5000 元到几万元不等。因此综合考量,我们可以很自然地推导出职业信用管理师的薪酬待遇将在 3 000 元以上,而且随着其能力和经验的不断提升,其薪酬也将稳步提高。

- 8.对生活的影响

职业信用管理师所从事的职业信用行业是中国前所未有的行业,这个行业的诞生和发展将对提高中国劳动者素质和能力,形成有利于劳动者学习成才的引导机制、培训机制、评价机制、激励机制,引导广大劳动者提高职业道德水平起到深远的影响。

通过职业信用管理师对"中国职业信用公共管理平台"的不断推广宣传和实施导入,中国的诚信体系建设将得到极大的完善。和谐用工关系的建立将使得企业用工风险降低,职业人的个人职业财富获得持续积累,最终将有助于我国由人力资源大国发展成为人力资源强国。

【拓展练习】

1.你有毕业后想去的公司吗?那你可以登录人才招聘网站(比如中华英才网)去查询这家公司的信息,并做如下分析:

公司的名称 _____
公司的类型、规模 _____
公司招聘的岗位有 _____
我想应聘的岗位是 _____
这个岗位主要做什么 _____
这个岗位需要具备什么素质、能力 _____
我和公司岗位要求的差距是 _____
我的补充行动策略是 _____

2.梳理你的人脉圈。分析各种环境,盘点一下你认识的人。

职业人脉圈	职业1_____	职业2_____	职业3_____
家族成员			
老师、领导			
师兄师姐			
业内人士			
目标公司的职员			
网络结识人士			

第四章 确定目标，制订规划

学习目标

1. 了解大学生生涯规划的主要内容。
2. 掌握生涯规划的基本方法，学会设定目标。
3. 依据阶段性自我认知和环境认知的结果，设计自己的阶段性生涯目标。

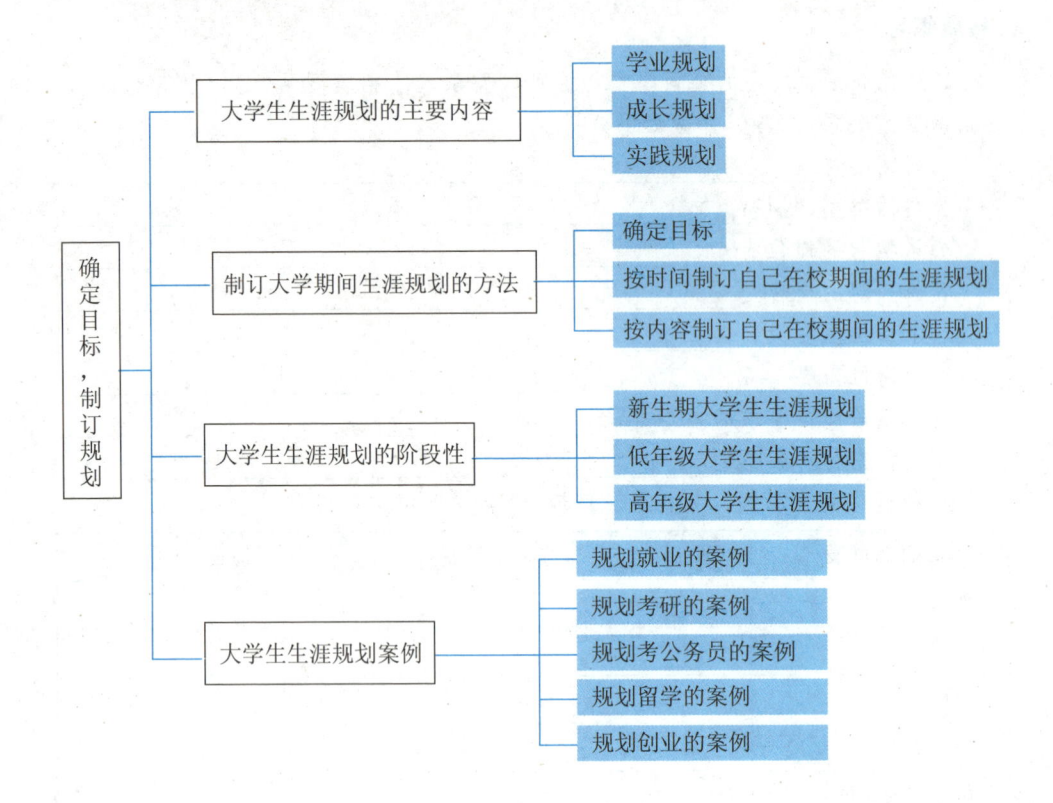

```
                            ┌─ 学业规划
         ┌─ 大学生生涯规划的主要内容 ─┼─ 成长规划
         │                  └─ 实践规划
         │
         │                        ┌─ 确定目标
         ├─ 制订大学期间生涯规划的方法 ─┼─ 按时间制订自己在校期间的生涯规划
确定目标， │                        └─ 按内容制订自己在校期间的生涯规划
制订规划 │
         │                    ┌─ 新生期大学生生涯规划
         ├─ 大学生生涯规划的阶段性 ─┼─ 低年级大学生生涯规划
         │                    └─ 高年级大学生生涯规划
         │
         │                 ┌─ 规划就业的案例
         │                 ├─ 规划考研的案例
         └─ 大学生生涯规划案例 ─┼─ 规划考公务员的案例
                           ├─ 规划留学的案例
                           └─ 规划创业的案例
```

案 例

18岁,高中毕业典礼上,小刚发誓要当李嘉诚第二、中国首富!

20岁,春节老同学聚会上,小刚想创立自己的公司,30岁时拥有资产2000万元。

23岁,在某工厂当技术员,第二职业是炒股。"在这里工作太没前途了。我将全力炒股,三年内用5万炒到300万元。"

25岁,炒股失意情场得意,开始准备结婚。希望一年后能有10万元,风风光光地结婚。

26岁,不太风光的婚礼上。小刚的理想是生一个胖小子,将来当个车间主任,别的不多想。

28岁,工厂效益下滑,正逢妻子怀胎十月。小刚希望这次下岗名单里千万不要有自己的名字。

专家分析

小刚18岁的目标是当中国首富,十年后的目标是不要下岗,差距怎么这么大?原因很简单:设定目标时不顾自身条件,设定了一些很难实现或根本就不能实现的目标。目前有一些大学生高估了自己,毕业后设定了一个月收入8000元的职位,但他低估了达成目标所需要的条件,这些条件包括基本素质、知识、能力、经验条件、外语条件等,毕业时,才发现没有人愿意每月花8000元雇他。我们要根据自身的实际情况,设定通过自己的努力可以实现的目标,避免出现目标过低或过高的情况。

如前所述,生涯规划是一门方法学课程。因此,应该鼓励大学生在大学期间熟悉和掌握这门方法。生涯规划的方法实际上就是目标管理,也就是确定自己的生涯目标,而确定生涯目标的前提条件是依据自己的需求和能力,结合社会的需求来完成。前面两章已经重点讨论了自我认知和环境认知,本章要讨论的就是如何确定目标和根据目标进行规划。

做好生涯规划,可以帮助大学生树立明确的目标,学会自我管理的方法,促进就业观念的转变,因而也就能够帮助大学生在大学期间提升自己的就业能力。让大一、大二的同学不再懵懵懂懂、不再整天沉溺于网络游戏,减少考试挂科的现象;也可以从根本上解决大学生就业难的问题。因此,本章是本书的重点。

本章分三个阶段进行大学期间的生涯规划指导,宗旨是为了让同学们能够由简到难、逐步掌握生涯规划的方法,从简单的规划目标实现的过程中,体验到生涯规划的益处。因此,从新生期的短期规划,逐步发展到低年级的中期校园生涯规划,再过渡到高年级的中长期职业规划。这种循序渐进的过程可以帮助大家熟悉和掌握生涯规划这个工具,使自己在将来的职业道路上走得更好,更远。

本章的重点是低年级生涯规划和高年级生涯规划。我们始终围绕大学生这个主体,针对大学生的基本特点来帮助大学生做好自己的生涯规划。当代中国大学生在职业生涯规划方面有如下特点(弱点):

(1)大多数大学生生涯规划意识淡薄,缺乏职业认知。

(2)部分大学生填报志愿时对专业认知相对不足,有的甚至完全由家长或老师代劳,影响学生对专业学习的兴趣。

(3)大学生入校后改变专业较困难。

(4)大学生正处于世界观形成期,思想单纯,心理状态不稳定,容易冲动,生活习惯较易受各种外界环境的影响,还需要培养良好的习惯。

(5)大学生从中学直接进入大学,对社会缺乏了解。

(6)大学生毕业后大多数要进入社会。

(7)大学生的主要任务还是学习和为就业做准备。

鉴于此,我们认为大学生的生涯规划应该重视阶段性认知和规划,并突出学业规划、成长规划和实践规划。下面,我们将从三个阶段、三个方面来帮助大学生规划自己的生涯。

小知识贴士

三个阶段是指新生期、低年级和高年级三个阶段。

新生期(第一阶段)应以尽快适应大学生活,完成中学生向大学生转变的阶段性规划为目标。这一目标是短期目标,一般以1~2个月为限。

低年级(第二阶段)规划以在校期间的学业规划、成长规划和实践规划为主。这是一个中期目标,以1~2年为限。

高年级(第三阶段)则以毕业前后了解职场、完成大学生向职业人转化的规划为主。这是一个中长期目标,可以是1~2年,也可以规划到毕业后的前两年。

后两个阶段的规划都应以毕业后确定的去向(已在第一章介绍,请同学们参考第一章相关内容)为基本参照目标。

三个方面是指大学生生涯规划的三个角度,即学业规划、成长规划和实践规划。每个阶段的规划都必须结合该阶段的认知特点来进行,三个方面应有所侧重。

第一阶段,大学生要尽快适应大学的生活和学习,要完成未成年人向成年人的角色转换,完成由依赖到独立生活的转换,完成被动学习到主动学习的转变。

第二阶段的规划则应以了解所学专业、所学专业与行业的关系、本专业可以就业的职业及其准入标准、自我成长和实践,为生涯发展做好能力和技能准备。

第三阶段的规划则应以按照行业、职业的用人标准,做好就业或毕业后去向的充分准备为主。也就是说,应以毕业后的去向作为规划目标。

第一节 大学生生涯规划的主要内容

案例

某大学三年级生物专业学生,手拿简历来咨询某专家。简历中详细罗列了三年来他的经历和专长。他这样写道:

专　业:生命科学

特　长:方正排版系统操作、印刷设备维修、photoshop 应用

社会实践:打过短工、壮工、餐馆洗碗工等

求职目标:证券行业

专家分析

这是一个典型的没有职业规划的学生是目前一大批学生的代表。许多学生到毕业时还不清楚自己的优势和劣势,不知道自己的职业方向,所以也根本没有很好地利用大学的三年时光为未来的职业做准备。他的特长、他的社会实践既没有与专业挂钩,也没有与他的目标职业挂钩。可以说,专业、特长、实践活动、求职目标成为四个独立的、毫不关联的东西,那凭什么证券公司要录用你?

第一章,我们介绍了大学毕业后的几种去向;第二章和第三章,我们分别强调了自我认知和环境认知的阶段性;与此相呼应,在制订生涯规划时,强调生涯规划要分阶段进行,要在确定自己的毕业去向后,根据不同阶段的认知结果,进行不同

阶段的规划。前面我们把大学生的生涯规划分成新生期、低年级和高年级三个阶段，分别进行了三个阶段的认知；在完成认知之后，就为大学生进行分阶段的规划提供了依据。

当然，大学生的特点还是以学习和成长为主，以了解社会、适应社会为主。因而，大学生生涯规划的主要内容就是学业规划、成长规划和社会实践规划，并且要结合时间（阶段）规划才有实施的可能。

一、学业规划

学业规划是大学生最重要的规划内容。因为，大学生就是学生，学生的主要任务就是学习。学习专业知识，学习相关技能，学习做人的道理，学习成功的方法……这一切将影响他们的一辈子。大学生的生涯规划具体到三年的学习生活中，实际上就是规划学业发展、个性与社会发展、生涯发展的过程。当然，学业规划也需要循序渐进，分阶段进行。学业规划的具体内容将在第二节和第三节详细介绍。

二、成长规划

大学期间成长规划的主要内容应包括：第一，良好生活习惯养成规划，包括作息时间、健康饮食、身体锻炼、时间管理、财务管理等自我管理规划；第二，健康兴趣和阳光心态培养规划，包括健康兴趣、爱心、感恩心态、自尊自信、平常心态、空杯心态、积极心态、宽容心态等培养规划；第三，专业人脉建立规划，包括学长学姐、老师、生涯访谈人士、职业体验老师、实习见习带教老师、学术会议认识的专家、通过论文交流认识的专家等人脉建立规划；第四，科学的世界观、人生观、价值观培养规划；第五，思维能力培养规划（思维模式、梦想形成）和追逐梦想、明势训练规划等；第六，职业素养和职业核心能力培养规划，包括职业精神、职业沟通能力、团队协作能力、解决问题能力、自我管理能力、情绪控制能力、职业沟通能力、创新创业能力等培养规划。

（一）良好生活习惯养成规划

实践证明，身心健康是一个人事业有成的基础。有一个好的身体是做好一切的起点，良好的生活习惯是保持身体健康的重要手段。

- 1. 养成良好的饮食习惯

吃好早餐，一直就有"早餐吃好、午餐吃饱、晚餐吃少"的说法，而大学生一般上午功课最多,如果不吃早餐,大脑需要的能量得不到供应,长期下去,会影响功课以及大脑的发育。另外,也要注意营养的全面搭配,还要保证饮食规律,不要暴饮暴食。

- 2. 合理安排作息时间,保证充足的睡眠

睡眠是大脑休息和调整的阶段。睡眠能保证大脑皮层细胞免于衰竭,使消耗的能量得到补充,大脑皮质的兴奋和抑制过程达到新的平衡。良好的睡眠有增进记忆力的作用。大学生每天应保证 8 小时的睡眠时间,同时要注意睡觉时不要蒙头,因为蒙头睡觉时,随着棉被内二氧化碳浓度的不断升高,氧气浓度不断下降,大脑供氧不足。长时间吸进污浊的空气,对大脑损伤极大。

- 3. 养成锻炼身体的好习惯

适量做一些有氧运动对健身大有好处。有规律的有氧运动,能够有效地调动肌体活力,增强身体的免疫功能。所谓有氧运动指的是快步走、骑车、跳绳、爬山、游泳、瑜伽等,每周运动 3 次,每次运动达到每分钟心跳 110~130 次,并持续 30 分钟,即可起到健身的作用。同时,也可以多参加一些文娱活动,不仅能放松心情、增加生活的乐趣,还有助于增强免疫力,提高学习效率。

- 4. 戒掉不良的生活习惯

戒掉不良的生活习惯,如酗酒、抽烟、长时间网聊、玩电子游戏等。

- 5. 学会财务管理

"财商"作为当代社会必备的技能之一,已经越来越受到大学生的重视。如今在大学校园里,各类理财社团活动开展得如火如荼,反映了大学生对理财知识的强烈渴求。然而理财是包括财务规划在内的综合课程,从初级阶段的财务规划意识到中级阶段的完善理财理论知识并初步实践,到高级阶段进行实战投资,大学生理财应逐步实现"三级跳",做好财务规划。

大多数在事业上有成就的企业家都对合理理财表示了支持和肯定的态度。"理财"这个字眼一时间成为众人关注的话题。然而对没有固定收入、"无财可理"的大学生来说,对"理财"的理解,不能局限在对已经拥有的资产的使用上,而应该包含获得资产的方法,即理财是通过科学而合理的方法来获得财富,并通过对这些财富的正确使用以达到财富的增值。也就是说,大学生理财,既要"开源",创造收入,也要"节流",对收入加以恰当的使用。

(1)适当"开源",早做实战准备。

毫无疑问,大学校园生活正是迈向社会生活的前沿阵地,为了工作后的理财着

想,大学生也需要在毕业前为自己做好一些投资理财方面的准备。

在做好自己财务规划和人生设计的基础上,大学生可以适当找一些"开源"的方法,赚一点钱来补贴自己生活和学习的费用。比如奖学金,各个大学都有奖学金制度,这也是最受家长欢迎的"赚钱"方式;协助老师搞研究也是获得金钱的方式之一,这是名副其实的"助学",可以利用自己的专业和专长来协助老师进行科学研究;同时,做家教、在假期中到企业或公司打工也是被大学生广泛采用的方式,有些大学生也在利用业余的时间做兼职工作,如导游、导购、餐厅服务、市场调查、商品直销等等。近几年,教育部鼓励在校大学生创业,不少学校不仅开设了创业课程,而且还建立了创业园、创业孵化基地。比如,河南农业大学的大学生创业园中有宠物医院、花博士、家教中介机构等十余个创业团队,为学生的创业和理财学习提供了便利。

但有关专家提示,"开源"的同时要注意以下几点:一是不要太关注当前赚的一些小钱,重要的是学习和积累经验;二是赚了一些钱也不要都花掉,要有适当的积蓄,这样在关键时刻可以用上,或者有机会的时候有一点本钱;三是由于现在赚钱主要靠出售自己的时间,很难用钱来赚钱(因为现在他们几乎都没有什么积蓄),因此不要过度;四是大学生要根据自己的风险承受能力来适当投资,不要太关注一些投机工具,如炒股票、外汇、期货等方式。

从理财业务操作的角度,大学生毕业前也可以适当做些准备,比如办理好证券账户和基金账户。通常情况下,大学生刚参加工作,压力都会比较大,提前办好这些账户,省去了工作后来回奔波。

(2)尽量"节流",学会精打细算。

大学生做好财务规划的另一个方面就是要花钱有度,合理消费。先请大家读一读下面的小故事:

案例

一名大学生说:"每个月的钱就是那么稀里糊涂花的,花没了才知道这个月还没过完。至于下个月,要不厚着脸向家里要,要不就先借着。"

某高校的方同学说,本学期他带了3500元的生活费。到了学校后,租房子一次性支付了1400元。他和女友一起逛街,并给女友买了一套衣服,自己买了一双运动鞋,晚上吃了一顿西餐,一天就花了700多元钱。等于这天就花了他一个月的生活费。现在,离学期结束还有近两个月,口袋里没什么钱了。

专家分析

上面两个例子是在校大学生缺乏理财意识、盲目消费的典型，他们也因此而常常感到苦恼。其实，如果能增强自己的理财意识，注意该花钱的时候花钱，不该花的时候不花，根据实际需要，把握消费的"度"，就不会出现上面所讲述的那种狼狈和尴尬了。

下面向大家介绍一些"节流"的原则和技巧：

①掷地有声，钱要花在刀刃上。很多家庭条件优越的大学生早已不知"柴米"之不易，没有丝毫的节俭意识。家长的资助大多是他们的主要经济来源，家里"源头"的充足让他们的支出更为任意。盲目高额消费，追求名牌，一味攀比是很不好的消费现象。实用加实惠是生活消费中的合理原则。任何所谓的潮流都不会长久地把持整个社会，盲目追求的潮流消费品往往只不过是昙花一现。作为学生，应该把钱花在必须花的地方，把钱花在刀刃上才是理智的选择。吃要营养均衡，穿要耐穿耐看，住要简单实用，行要省钱方便。

②有意识地控制自己的消费。有的学生会抱怨：不知道钱是怎么花光的，也不知道该如何控制支出。这个时候学会建立自己的"小账本"是个很好的办法。尝试记账和预算可以很有效地帮助你安排自己的收入和支出，也可以避免糊涂消费。

③养成节俭的好习惯。生活中有很多小开支，这里几元，那里几块，看似不起眼，但积少成多就是一个大数目。要学会从小事做起，逐步养成节俭的习惯。勤俭节约似乎是老生常谈，但是这个好的习惯会让我们终身受益。

④把握消费时机。需要添置必需衣物的时候要学会稍稍"超前"准备。很多大商场在换季时衣服都会低折扣销售。所谓的新款在刚刚上市的时候往往标出高价，但是在季尾销售时的价格会是先前的几分之一。所以，避开商家的销售高价期，学会"按时"消费，会给自己节约一笔不小的数目。

- 6. 学会时间管理

相信很多同学在高中时就已憧憬着美好的大学生活，幻想着那丰富多彩的自由空间，可是一旦进入其中，你将不得不常常在学习与参加校园活动的选择中左右为难。同是"宿舍—教室—食堂"三点一线的格局，为什么有人活得潇洒充实，津津有味，而有的人却疲惫空虚，百无聊赖？这就在于一个时间的安排是否得当。一个人可以做时间的主人，也可以做时间的奴仆。如果你想在事业上获得成功，那么必须学会安排好自己的时间，使时间得到最有效的利用。

（1）学会挤时间。对大学生来说，三年的时间是短暂而宝贵的，要学的东西又太多。因此,如何在有限的时间内做更多的事,学会挤时间就是大学生时间规划的第一步。我们无法增加生命的长度,唯有增加生命的密度。

挤时间有各种各样的挤法。有些人是随挤随学,挤出一点就马上利用起来学一点;有些人是把挤出的时间累积到一起进行学习——下午放学后、途中、日常琐事等,都抓紧处理,于是晚上学习的时间就挤出来了。这种把挤出来的时间累积到一起学习的做法是很好的。在所有的可积累起来的学习时间中,早晨和晚上的时间是最好的,因为这两段时间比较长,比较完整,环境比较安静,脑子又比较清醒,适于读书、思考、钻研问题。因此,有"一日之计在于晨""闻鸡起舞"的佳话,也常有"灯下漫笔""夜读拾零"之类的书文。

举一个挤时间的例子。比如要开始学习了,好不容易在书桌旁静下心来,不一会儿就发现一本重要的参考书不在手边,得回过头去找书;一会儿又发现做作业画图用的尺子、圆规不见了……这样零零碎碎地浪费了不少时间。有些比较善于挤时间的同学,在开始学习之前先把学习中要用的工具书、作业本、文具等准备得一应俱全,以免受耽误,节约出更多的时间用以学习。

(2)要对学习和活动给予正确的定位。丰富多彩的校园文化活动是专业学习的有益补充,是课堂教学的延伸和扩充,也是锻炼和提升自我能力的重要方式。因而应摒除"象牙塔"中闭门谢客的观念,积极融入多姿多彩的校园文化氛围中,彰显个性,锻炼自我。但同时,又要看到学习是学生立身之本,首要之务,万不可因参加活动而将书本知识束之高阁,将"文化先锋"当作逃避学习的借口。否则,就会拣砖弃玉、丢西瓜拣芝麻,甚至顾此失彼,一无所获,到头来后悔莫及。

(3)要学会劳逸结合,提高效率。不会休息的人也不会生活。人的精力是有限的,已经精疲力竭了,还要继续干下去,效率既低,身体还会受影响。而如果把身体搞垮了,还怎么能继续学呢?生活中应充满阳光与欢笑,而青春的日子更应该让歌声伴着梦想飞翔。然而,有的学生整天埋头学习,常开夜车,很少参加课外活动,每天都生活在"宿舍—教室—食堂"三点式单调格局中,花在学习上的时间很多,但是成绩却很一般。这种"疲劳战术"是不可取的。古人云:"文武之道,一张一弛。"在精疲力竭、昏昏欲睡之时,还来个"头悬梁锥刺股",刻苦钻读,这势必会事倍功半。与其这样,不如休息一下,放松自己绷紧的神经,然后再学,这样的效率会高些。学习如此,工作也是如此,玩的时候要玩得开心,娱乐虽花去一点时间,但却换来充沛的精力,提高工作的效率,何乐而不为呢?

(4)要有一定的毅力。从心理上说,毅力属于意志的范畴,作为意志的一种基本品质,毅力也是人们为着实现一定目的而去克服困难的心理过程及其行为表现。这里有两点应该明确:第一,毅力是在克服困难的心理过程中表现出来的;第二,克服困难又是为着实现一定的目的。明确了这两点,对于我们提升毅力很有好处。

目前,网络、电视、游戏等,诱惑我们的东西很多,社会活动和兼职也会分散我们的精力,如何在这些诱惑和课外活动的夹缝中,保持学习毅力是我们应当重视的事情。学习毅力是指学生自觉地确定学习目标,有意识地控制和调节自己的学习行为,克服困难,以实现预定学习目标的心理过程。顽强的学习毅力不但能促进学生智力的发展,而且有利于培养学生的创新人格和创造能力。

对于毅力不是很强的人,还需要其他辅助手段强化。比如,定期给自己下任务、目标,如果在规定的时间段没有完成或者超前完成,就惩罚或者稍微奖赏自己。

(二)健康兴趣和良好心态培养规划

- 1. 培养健康的兴趣

"知之者不如好之者,好之者不如乐之者。"兴趣对学习有着神奇的内驱动作用,能变无效为有效,化低效为高效。最好的寻找兴趣点的方法是开拓自己的视野,接触众多的领域。唯有接触,你才能尝试;唯有尝试,你才能找到自己的最爱。而大学正是这样一个可以让你接触并尝试众多领域的场所。因此,大学生应当更好地把握在校时间,充分利用学校的资源,通过使用图书馆资源、旁听课程、搜索网络、听讲座、打工、参加社团活动、与朋友交流、使用电子邮件和电子论坛等不同方式,接触更多的领域、更多的工作类型和更多的专家学者。

人生的路很长,每个人都可以有很多不同的兴趣爱好。在追寻兴趣之外,更重要的是要坚持自己的兴趣爱好。有一本书的作者曾访问了几百个成功者,问他们有哪件事是他们今天已经懂得,但在年轻时却留下了遗憾的事情。在受访者的回答中,最多的一种是:"希望在年轻时就有前辈告诉我、鼓励我去追寻自己的理想和兴趣。"相比之下,兴趣固然关键,但坚持它更为重要。因此,大家不必把某种兴趣当作自己最后的目标,也不必把任何一种兴趣的发展道路完全切断。在理想的指引下,不同的兴趣完全可以平行发展,实在必要时再做出最佳的抉择。理想就像罗盘,兴趣就像风帆,两者相辅相成,缺一不可,它们可以让你驶向理想的港湾。

> **小链接**
>
> **张建的成功**
>
> 　　学计算机专业的张建爱好文学,平时常写文章,偶尔也有作品见诸报端。他希望毕业后能够在IT行业工作。大三寒假,张建在经常访问的某国内知名网站的主页上,发现该网站正开展征文活动。此时他正好在生活中遇到了一点烦恼,于是有感而发,写了一篇情深意长的文章《离开你的第七天》投给该网站。开学后,张建在IT行业中求职屡战屡败。一天,正为求职苦恼的他接到该网站的电话,告知他的文章获奖了。
>
> 　　于是,张建找到网站征文活动的负责人。该负责人得知张建的求职经历后,问他是否愿意到公司来做事,并许诺丰厚的待遇。张建大喜过望,求职的艰难让这份工作显得格外诱人,第二天张建便到公司实习,负责该网站校园版的策划组稿工作。上班后,张建成功策划了网站和学校的一次联谊活动。在试用期三个月过后,张建终于迈进了自己心仪的IT行业。
>
> 　　从表面上看,张建的求职成功似乎是"妙手偶得之",其实这与他平时对文学的爱好和练习是分不开的。张建最初的求职期望是担任一名IT公司的技术员,然而写作方面的爱好却成为他迈入IT公司门槛的"通行证"。事实上,很多IT公司并不缺少技术过硬的研发人员,缺少的是拥有一定的技术功底、对宣传策划和活动组织具有良好领悟力和执行力的人。张建求职成功的案例,让我们看到了理工科同学加强文学修养、文理兼备的重要性。

- **2. 培养良好的心态**

　　社会心态是指一个国家、一个社会具有普遍性、代表性的心理特征和心理倾向。

　　心态通俗来讲就是心理状态。人的心理过程是不断变化着的、暂时性的,而个性的心理特征又是稳固的,心理状态则是介于二者之间的,既有暂时性,又有稳固性,是心理过程与个性心理特征统一的表现。

　　良好的心态、健全的人格,是人的身心健康的重要标志,也是社会和谐的基本条件。现代社会,工作和生活节奏加快、竞争加剧,大学生更要学会培养良好的心态,来面对当今这个日益多元化的社会。

　　第一,要有感恩之心。

　　要培养自己的感恩之心,感谢父母多年来对自己的抚养,感谢老师们为我们的成功付出的心血,感谢国家为我们创造的各种条件,感谢大学给我们提供了学习深造的机会,感谢同学们在学习、生活各方面给我们的帮助……

第二,要培养自己的爱心。

这里向大家推荐一本书——《世界上最伟大的推销员》。这本书中写道:"因为这(爱心)是一切成功的最大秘密。强力可以劈开一块盾牌,甚至毁灭生命,但是只有爱才具有无与伦比的力量。""我爱太阳,它温暖我的身体;我爱雨水,它洗净我的灵魂;我爱光明,它为我指引道路;我也爱黑夜,它让我看到星辰。我迎接快乐,它使我心胸开阔;我忍受悲伤,它升华我的灵魂;我接受报酬,因为我为此付出汗水;我不怕困难,因为它们给我挑战。"一个内心充满爱的人可以战胜一切困难和险阻。"我赞美敌人,敌人于是成为朋友;我鼓励朋友,朋友于是成为手足。""我要爱每个人的言谈举止,因为人人都有值得敬佩的性格,虽然有时不易察觉。""我爱雄心勃勃的人,他们给我灵感;我爱失败的人,他们给我教训;我爱王侯将相,因为他们也是凡人;我爱谦恭之人,因为他们非凡;我爱富人,因为他们孤独;我爱穷人,因为穷人太多了;我爱少年,因为他们真诚;我爱长者,因为他们有智慧;我爱美丽的人,因为他们眼中流露着凄迷;我爱丑陋的人,因为他们有颗宁静的心。""最主要的,我要爱自己。只有这样,我才会认真检查进入我的身体、思想、精神、头脑、灵魂、心怀的一切东西。我决不会放纵肉体的需求,我要用清洁与节制来珍惜我的身体。我决不会让头脑受到邪恶与绝望的引诱,我要用知识使之升华。我决不让灵魂陷入自满的状态,我要用沉思和祈祷来滋润它。我决不让心怀狭窄,我要与人分享,使他成长,温暖整个世界。从今往后,我要爱所有的人,仇恨将从我的血管中流走。"

小知识贴士

何谓"空杯心态"?

古时候一个佛学造诣很深的人,听说某个寺庙里有位德高望重的老禅师,便去拜访。老禅师的徒弟接待他时,他态度傲慢,心想:我是佛学造诣很深的人,你算老几?后来老禅师十分恭敬地接待了他,并为他沏茶。可在倒水时,明明杯子已经满了,老禅师还不停地倒。他不解地问:"大师,为什么杯子已经满了,还要往里倒?"大师说:"是啊,既然已满了,干吗还倒呢?"禅师的意思是:既然你已经很有学问了,干吗还要到我这里求教? 这就是"空杯心态"的起源。

第三,要心怀空杯心态。

空杯心态让我们时刻可以吸纳新的有用的东西。一个人不能够自满,要有一个空杯的心态,去学习任何可以帮助我们成长的知识和技能。我们要像一块海绵,不断吸纳一切营养。

做事的前提是先要有好心态。如果想学到更多学问,先要把自己想象成"一个空着的杯子",而不能骄傲自满。"空杯心态"并不是一味地否定过去,而是要怀着否定或者说放空过去的一种态度,去融入新的环境,对待新的工作、新的事物。对大学新生来说,要忘记过去中学时代的学习方法,不要沉醉于原来的成绩之中,而要学会大学所需要的思维和学习方法,利用大学宝贵的时光,多学本领,为将来的职业发展奠定基础。

第四,要有平常心。

平常心是一种能力,它具体表现为:一是不高估或低估自己的能力,对自己所做任何事的成功和失败的概率有准确的预测;二是既积极主动,尽力而为,又顺其自然,不苛求事事完美,有从容淡定的自信心。有平常心的人,能够在遇见任何事情之后都坦然处之,这是年轻大学生克服自我冲动最应该持有的心态。荣誉可以不争,利益可以不要,不管坏事好事,记得一句话:一切为最好的做准备!

第五,要有积极的心态。

积极心态就是在面对学习、生活、工作、问题、困难、挫折、挑战和责任时,都会从正面去想、从积极的一面去想、从可能成功的一面去想,并积极采取行动,努力去做。也就是可能性思维、积极思维、肯定性思维。

积极心态主要包括以下内容:

(1)执著:对个人、企业和团队目标、价值观有坚定不移的信念;

(2)挑战:能勇敢地挺身而出,积极地迎接变化和新的任务;

(3)热情:对自己的学习、工作及公司的产品、服务、品牌和形象具有强烈的感情和浓厚的兴趣;

(4)奉献:能全心全意完成自己的学业、工作或相关事务;

(5)激情:始终对未来充满憧憬和希望,对现在全力以赴地投入;

(6)愉快:乐于接受微笑、乐趣,并分享成功;

(7)爱心:助人为乐,并常怀感恩之心;

(8)自豪:因为自身价值或团队成绩而深感荣耀;

(9)渴望:有强烈的成功欲望;

(10)信赖:相信他人和集体的素质、价值和可靠性。

有积极心态的人会把别人的批评、责骂、建议等,看成是善意的,看成是对自己的"关爱、帮助和造就",因而会以感恩和学习的心态,虚心听取、思考、分析和反省,从中吸收有利于自己成长进步的营养,促进自己进步。积极心态是一种主动的生活态度,对任何事都有足够的控制能力,反映了一个人的胸襟、魄力。积极的心态会感染人,给人以力量。

第六,要有自尊自信的心态。

众所周知,自尊自信的心态能使人产生巨大的精神力量,使人勤奋努力,不断地充实完善自己,积极进取,走向成功。美国教育家戴尔·卡耐基在调查了一些名人的经历后指出,一个人事业上成功的因素之中,学识水平和专业技术只占15%左右,而良好的心理素质要占85%左右。这很明显地告诉我们这样一个道理:自信是成功的第一秘诀,自信是从事大事业所必须具备的因素。

自尊自信的人,相信自己有能力做好一些事情。自尊自信的人有不服输的精神,做什么事情都想做好。因此,这些人对自己的前途充满信心,对待前进中的困难、挫折有较强的心理承受能力,不会轻易放弃,在困难面前能够奋然前行,有锲而不舍的执著精神。

(三)专业人脉建立规划

大学是人际关系走向社会化的一个重要转折时期。踏入大学,就会遇到各方面的人际关系:师生之间、同学之间、同乡之间以及个人与班级、学校之间的关系等。中国人最讲究的便是人和,人脉资源是最为重要的。如果你想获得事业的成功,就要尽早建立自己的人脉资源网,越早搭建人脉网,你就越早步入成功的殿堂。在你的人脉中,上可有达官贵人,下可有平民百姓,这样当你有喜乐尊荣时,会有人为你摇旗呐喊;当你有事需要帮忙时,会有人为你铺石开路,两肋插刀。人脉的力量往往就是在这个时候体现出来的。

在信息发达的时代,拥有无限发达的信息,就拥有无限发展的可能性。信息来自你的情报网,情报网就是你的人脉网。人脉有多广,情报就有多广,这是你事业无限发展的平台。生意人最重要的情报来源是"人"。越是高端的经营人才,越重视这种"人脉情报",越能为自己的发展带来方便。

人脉资源是一种潜在的无形资产,是一种潜在的财富。从表面上看,它既不能当饭吃,也不能当钱花,但是聪明的人却能够将之转化成现实的财富。所以说人脉既有形也无形,它是有形还是无形要看是对哪一双眼睛来说。所以,我们一定要让自己做个眼睛明亮的人。

处于青年期的大学生,思想活跃,精力充沛,兴趣广泛,人际交往的需要极为强烈。他们力图通过人际交往去认识世界,获得友谊,满足自己物质上和精神上的各种需要。因此,大学生希望被人接受、理解的心情尤为迫切。然而对大学生而言,他们对人际关系的追求往往带有较多的理想化色彩,无论是对同龄朋友,还是对师长,往往是以理想色彩看待交往,希望交往不带任何杂质,同时他们也常常以理想的标准要求对方,一旦发现对方某些不好的品质就深感失望。从个人讲,大学生必须学会如何调节自己,改善人际关系。

人脉建立中,专业人脉的建立尤为重要,这对你的职业发展极有帮助。专业人脉的建立主要可通过如下渠道:

(1)学兄学姐;

(2)老师;

(3)访谈过的生涯人物;

(4)职业体验时的老师;

(5)实习见习的带教老师;

(6)学术会议上认识的专家;

(7)专业网站、专业杂志上的笔友老师;

(8)社会活动(包括志愿者服务、社会公益活动等)中结识的友人;

(9)参加各种比赛时认识的朋友。

这提示我们应该从进校开始,就把专业人脉的建立放在十分重要的位置,这对自己的专业学习以及今后的职业发展都极有帮助。特别是对家庭中原无专业背景的学生来说,专业人脉是今后求职就业最好的渠道。

小知识贴士

建立人脉圈的几个法则

(1)大学生必须克服知觉中的偏差。第一印象对人们有很长久的影响。因此,每位同学都要时时注意自己的表现。比如,我们有时在入学之初对某个同学形成了不好的印象,往往在以后很久也不会改善,这样就会影响同学间的正常交往。其实说不定这个同学是一个很优秀的学生,只是由于开始时在某一点上引起你反感,故而形成了不好的印象。

有的同学机械地将所交往的对象归于某一类人,不管他是否表现出该类人的特征,都认为他有这类人的特征,总是把对这类人的评价强加到他身上。比如通常的大学生都会认为家庭社会地位高的学生傲气、不好相处,但其实其中很多同学还是很友好,很好交往的。这种先入为主的想法常常妨碍大学生的正常人际交往。

还有的大学生往往会"以小人之心,度君子之腹",就是在与人交往时,往往把自己具有的某些不讨人喜欢、不为人接受的观念、性格、态度或欲望转移到别人身上,认为别人也是如此。这样很容易产生误解,不利于发展大学生的人际关系,我们必须改变这种做法。

(2)大学生要塑造良好的个人形象,培养良好的交往品质,增进个人的魅力。调查显示,大学生在交往中,往往会喜欢与有良好个人形象的人交往。首先我们要提高个人的综合素质,努力提升自己的外表形象。加强自我训练,提高自身的心理素质,以积极的态度进行交往。

大学生还必须具备各种良好的交往品质,如真诚、信任、克制、自信、热情等。真诚的交往能使交往者的友谊地久天长;信任能够从积极的角度去理解他人的动机和言行;克制往往会"化干戈为玉帛",使许多事情可以避免,也能以大局为重;自信使大学生在人际交往中总是给人不卑不亢、落落大方、谈吐从容的感觉,让人对你产生好感,利于人际交往;热情在大学生的人际交往中能给人以温暖,能促进人的相互理解,能融化冷漠的心灵,往往可以沟通人们之间的感情,促进人际关系的改善。因此,我们要努力培养各个方面的良好品质。

小知识贴士

（3）大学生必须学会交际的技巧。大学生要注意培养良好的交往技巧，在与人交谈时，语言表达要清楚、准确、简练、生动；要学会有效聆听，做到耐心、虚心、会心，把握交谈的技巧来吸引对方。

学会了解和沟通对于大学生建立良好的人际关系很重要。一般而言，善于交往的人，往往善于发现他人的价值，懂得欣赏他人，愿意信任他人，对人宽容，能容忍他人有不同的观点和行为，不斤斤计较他人的过失，在可能的范围内帮助他人而不是指责他人。与朋友相处应求大同，存小异。这样做可以得到很多的人真心相待。

大学生更应该学会赞扬。如果同学被你赞扬，他会觉得自己是很优秀的，他也一定会对你产生好的印象。适时的赞扬可以增进彼此的吸引力。我们有必要学会赞扬，一般人都不喜欢被批评。批评是负性刺激，通常只有当用意善良、符合事实、方法得当时，才会产生效果，才能促进对方的进步。而且批评时要注意场合和环境，还应对事不对人，否则会挫伤对方的积极性与自尊心，措辞应该是友好的、真诚的。

沟通要注意语言的使用，说话不要太刻薄，也要注意技巧。对每一个风华正茂的大学生来说，都需要有丰富的人际关系世界，并在这个世界中帮助与被帮助、爱与被爱、共享欢乐与承受痛苦。在社会交往中，那些主动引发交往活动，主动去接纳别人的大学生，在人际关系上往往较为自信。在校的大学生要从各个方面锻炼自己，克服各方面的心理问题，改善人际关系，使自己能够适应大学生活。

大家千万要注意一点，那就是，不要一听说人脉，就认为是走后门，一提建人脉就认为是达官贵人、富家子弟的事。特别是普通家庭或农民家庭出身的同学，也没必要妄自菲薄，拒绝人脉的建立。人脉的建立完全取决于自己。每个人可以根据自己的特点选择自己的方法进行人脉的建设和管理。这里介绍一个真实的案例。

> **案 例**
>
> 扎布,内蒙古某大学的大三学生。该学生来自内蒙古一个农民家庭。从初中离开家乡到县城读书后,一直独自在外读书。这个完全没有家庭背景的同学,由于自己的努力,参加了内蒙古大学生生涯规划大赛,获得特等奖并被选派参加全国大学生职业生涯规划大赛。
>
> 在大赛中,他结识了来自全国各地的其他学校的老师、同学和企业家,还有不少专家和领导。在大二暑期时,他受邀到某教育公司实习,实习期间他被获准进入教育部全国高校毕业生就业指导中心参观,并作为工作人员参加了全国大学生创业大赛。就这样,他一步步从内蒙古的农村走向了社会,进入了广阔的天地。他的人脉圈就是靠自己的努力而逐步建立的。这些人脉圈对他今后的就业会有很大帮助。

(四)科学世界观、人生观、价值观培养规划

- 1.世界观、人生观、价值观

科学世界观、人生观、价值观又统称"三观"。

- **世界观**:是人对世界总体的看法,包括对自身所处世界整体中的地位和作用的看法。又称宇宙观。世界观的基本问题是精神和物质、思维及存在的关系问题,根据对这两者关系的不同回答,划分为两种根本对立的世界观基本类型,即唯心主义世界观和唯物主义世界观。人们认识世界和改造世界所持的态度和采用的方法最终是由世界观决定的。正确的、科学的世界观可以为人们认识世界和改造世界的活动提供正确的方法,错误的世界观则会给人们的实践活动带来方法上的失误。包括人生观和价值观。

- **人生观**:是关于人生目的、态度、价值和理想的根本观点。它主要回答什么是人生、人生的意义、怎样实现人生的价值等问题。其具体表现为苦乐观、荣辱观、生死观等。人生观是一定社会或阶级的意识形态,是一定社会历史条件和社会关系的产物。人生观的形成是在人们实际生活过程中逐步产生和发展起来的,受人们世界观的制约。不同社会或阶级的人们有着不同的人生观。

几种有代表性的人生观:

(1)享乐主义人生观。它从人的生物本能出发,将人的生活归结为满足人的生理需要的过程,提出追求感官快乐,最大限度地满足物质生活享受是人生的唯一目的。

（2）厌世主义人生观。宗教的厌世主义认为，人生是苦难的深渊，充满各种烦恼与痛苦，唯有脱俗灭欲，才能真正解脱。

（3）禁欲主义人生观。它将人的欲望，特别是肉体的欲望看作一切罪恶的根源，主张灭绝人欲，实行苦行主义。

（4）幸福主义人生观。一种观点是强调个人幸福是人生的最高目的和价值；另一种观点是在强调个人幸福的同时，也强调他人幸福和社会公共幸福，认为追求公共幸福是人生的最高目的和价值所在。

（5）乐观主义人生观。它认为社会发展的前途是光明的，人生的目的在于追求社会的文明和进步，在于追求真理，对人生抱着积极乐观的态度。

（6）共产主义人生观。它是无产阶级的科学人生观。它把人的生命活动历程看作是认识和改造客观世界的过程，把消灭资本主义，实现共产主义，为绝大多数人谋利益看作是人生的崇高目的和最大幸福。人生的价值和意义在于对社会所尽的责任和所做的贡献，人生的最大价值和意义，在于努力为人民服务，无私地把自己的一切精力贡献给共产主义事业。

• 价值观：是社会成员用来评价行为、事物以及从各种可能的目标中选择自己合意目标的准则。价值观通过人们的行为取向及对事物的评价、态度反映出来，是世界观的核心，是驱使人们行为的内部动力。它支配和调节一切社会行为，涉及社会生活的各个领域。人们所处的自然环境和社会环境，包括人的社会地位和物质生活条件，决定着人们的价值观念。处于相同的自然环境和社会环境的人，会产生基本相同的价值观念，每一个社会都有一些共同认可的普遍的价值标准，从而发现普遍一致的或大部分一致的行为定势，或曰社会行为模式。

价值观念是后天形成的，是通过社会化培养起来的。家庭、学校等群体对个人价值观念的形成起着关键的作用，其他社会环境也有重要的影响。个人价值观有一个形成过程，是随着知识的增长和生活经验的积累而逐步确立起来的。个人的价值观一旦确立，便具有相对的稳定性，形成一定的价值取向和行为定势，是不易改变的。但就社会和群体而言，由于人员的更替和环境的变化，社会或群体的价值观念又是不断变化着的。传统价值观念会不断地受到新价值观的挑战，这种价值冲突的结果，总的趋势是前者逐步让位于后者。价值观念的变化是社会改革的前提，又是社会改革的必然结果。

● 2.树立正确的爱情观

端正恋爱观。当代大学生恋爱具有普遍性,而且注重过程、轻视结果,很难处理好学业与爱情之间的关系,对"失恋"的容忍度不够。这说明,同学们的恋爱观还有待调整。

不成熟的恋爱心理也会给恋爱带来一些负面影响,许多高校每年都会有因失恋等原因而做出极端行为的同学。所以,树立正确的爱情观已是刻不容缓的事。我们认为作为当代大学生,在恋爱中应该注意以下几个问题：

(1)摆正爱情的位置,是树立正确爱情观的首要问题。正处于学习黄金阶段的大学生应该正确处理爱情与学业、事业、人生的关系,用爱情中的积极因素来鞭策学习,奠基事业,从而奔向美好人生。

(2)加强责任感和义务感,是树立正确爱情观的重要保障。当代大学生具有强烈的爱的欲求,但他们在爱情与恋爱的认识上道德观念模糊,盲目性很大。很多人情感需要大于理智成分,不重视恋爱的前景和结局,只重视过程中的欢悦,这是缺乏责任感的表现。因此,必须从提高自我道德修养水平出发,培养大学生的责任感和义务感,使爱情不断地深化和升华。

(3)培养自制力和意志力,是树立正确爱情观的重要内容。校园中一些意志薄弱的学生思想盲目性大,在自我发展中没有明确的方向感,分辨是非能力差,很容易为感情挫折所打倒,或因不良外部诱惑而误入歧途。因此,要注重培养大学生的道德情操和意志力,培养他们自我判断、自我评价、自我监督、自我控制和自我教育的能力,使他们依靠自身的内部力量去克服挫折和抵制外部不良诱因的影响。

(4)促进大学生正常交往是树立正确爱情观的基本途径。大学生应广泛参加各种形式的健康、有利的社会实践活动,既丰富社会阅历,又使生活充实。同时通过活动可以促进异性之间的交往。在交往中加深了解,逐步发展感情。

处于恋爱中的同学要用意志控制自己的情感,培养高尚的情趣,自尊自重、相互鼓励。此外还要做到行为端正,举止得体。恋人间的亲昵,一定要掌握分寸,持之有度,要保持大学生良好的精神风貌。

古往今来,许多伟人在爱情遭受挫折以后,并没有被失恋的痛苦所压倒,而是化痛苦为动力,终于在事业上取得了非凡的成就。歌德失恋后没有陷入深深的痛苦之中,而是把自己破灭的爱情作为写作的素材,写成了《少年维特之烦恼》,以此成为事业成功的起点。年轻的居里夫人因失恋有过向尘世告别的念头,但她很快就从失恋的痛苦中崛起,投身于科学事业中。她在四年的大学生活中,把全部精力都用在学习上,最后以优异成绩获得了两个学位——物理硕士与数学硕士。罗曼·罗兰也曾饱尝过被心上人抛弃的痛苦,情场受挫后,他置一切于度外,集中精力奋发创作,经过十年构思,十年写作,完成了轰动世界文坛的名著《约翰·克利斯朵夫》。

法国著名作家雨果曾说过:"人生有两次出生,头一次是在出生的那一天,第二次则是在萌发爱情的那一天。"爱情,踏着青春的脚步而来,是青春的象征,而青春,也以爱情增加其活力。大学生要怀着健康的恋爱心态,使自己的情感更加美好和文明,从而更好更快地成长。在恋爱中应该正确对待失恋。失恋不是失去爱的权利,也不是被爱神永远抛弃。在人生的路途中不乏终身伴侣,在事业的奋斗中更不乏志同道合的战友,只要勇敢地扬起生活的风帆,投身于伟大的事业,就一定能够获得更加甜蜜、幸福的爱情。

因此,在大家做"成长规划"时,"三观"的规划是必须的内容。在此基础上,也要摆正恋爱态度,树立正确的恋爱观。

小知识贴士

剖析当代大学生的恋爱价值观

正确的世界观、价值观能够指导人们正确的行为。爱情的价值观是爱情之歌的主旋律。恋爱价值观首先表现在如何看待爱情在人生中的位置,即如何对待爱情与学业、爱情与事业的关系上。

(1)重视爱情在人生中的地位和在生活中的价值。据资料显示:在被调查的262名同学中,92.6%的同学表示"有与异性交往的愿望",而且有13.5%的同学表示"交往愿望强烈",有37.7%的同学在大学期间有过恋爱的经历。这组数据强有力地说明了当代大学生已把爱情作为生活中不可缺少的一部分,其有着其他生活内容不可替代的地位。

(2)在对待爱情与学业的问题上,力争处理好爱情与学业的关系。精力的有限、学习的繁重和对待爱情的憧憬,使社会、学校乃至学生自己有充分的理由怀疑大学生是否有处理好爱情与学业关系的能力。

现实中确实有把幸福的爱情转化为积极的力量,从而促进学业,净化人格的;同时也存在着因花前月下、卿卿我我而荒废学业、追悔莫及的事实。这就对坠入爱河的大学生们提出了挑战。

(五)培养良好的思维方式

- 1.养成良好思维方式

思维方式是人们大脑活动的内在程式,对人们的言行起决定性作用。思维方式也是影响一个人职业生涯发展的主要因素之一。东西方文化中显现的东方人和西方人在思维模式上存在极大的不同。

东西方思维方式的差异主要体现在辩证思维与逻辑思维上:学者们常常用辩证思维来描述东方人,尤其是中国人的思维方式;用逻辑思维或者分析思维来描述西方人,尤其是欧美人的思维方式。中国人的辩证思维包含着三个原理:变化论、矛盾论及中和论。

变化论认为世界永远处于变化之中,没有永恒的对与错;

矛盾论则认为万事万物都是由对立面构成的矛盾统一体,没有矛盾就没有事物本身;

中和论则体现在中庸之道上,认为任何事物都存在着适度的合理性。对中国人来说,"中庸之道"经过数千年的历史积淀,甚至内化成了自己的性格特征。

与中国人的辩证思维不同,西方人的思维是一种逻辑思维。这种思维强调世界的同一性、非矛盾性和非中性。

同一性认为事物的本质不会发生变化,一个事物永远是它自己;

非矛盾性相信一个命题不可能同时对或错;

非中性强调一个事物要么对,要么错,无中间性。

西方人的思维方式也叫分析思维。他们在考虑问题的时候不像中国人那样追求折中与和谐,而是喜欢从一个整体中把事物分离出来,对事物的本质特性进行逻辑分析。

正是因为思维方式取向的不同,在不少情况下,东方人和西方人在对人的行为归因上往往正好相反:美国人强调个人的作用,而中国人强调环境和他人的作用。

中国人的认知以情境为中心,西方人则以个人为中心;中国人以被动的态度看待世界,西方人以主动的态度征服世界。

因此,年轻的大学生们在对待所接受的信息时,不能教条地相信,而要敢于破除迷信。要敢于对一切理论、观点、概念,包括那些已成定论的、那些风行于世的、那些貌似高深的以及自我积累形成的,都抱着科学的怀疑精神,都要有一股冲破桎梏的锐劲。尤其对那种自己比较信服的理论,更要警惕被其束缚,注意经常拿新鲜的实际情况去对照检查一下,自己的思考、说话、写作,也应尽量避免引用其现成的观点思想。要时时、事事、处处注意锻炼自己从实际中总结自己的观点,锻炼用实际来检验各种思想观点的能力,让思维方式逐步走上实事求是的正确轨道。下面主要介绍两种培养良好思维的方法。

第一,培养形成大脑优势兴奋灶的能力

优势兴奋灶是医学上的一个术语,意思是在大脑的某个部位形成了一个兴奋点。当这个兴奋点建立之后,不管它接触到什么信息,大脑就会自动把这些信息加工整理成为与这个兴奋点有关的某一专题的有用信息。也就是说,这种优势兴奋灶形成之后,对我们专心致志地做某件事情有极大的帮助。在信息爆炸的时代,优势兴奋灶可以帮助我们甄别信息的真伪,帮助我们提炼有用的信息,提升我们的工作效果和能力。优势兴奋灶是可以通过有目的的训练形成的。

小知识贴士

培养和建立优势兴奋灶的方法

当确定一个我们希望关注的主题之后,要有意识地每天都想着它,不管是走路还是睡觉,也不管是看电视还是报纸,都尽量设想所接触的事件与主题有关。每天做一个笔记,记录和分析报纸上或者电视上某条新闻与某事件的关联性。如此连续一个月,就可以在你的大脑中形成对这一主题的优势兴奋灶。

比如,当我们关注就业时,某天出现了一条"武汉市10万大学生户口空挂"的新闻,我们就把它摘录下来。某天又出现一条"中央制定沿海产业向中西部转移的战略",这也作为一条有用信息登记起来。某天,春节联谊会上,有人介绍他们单位一年招聘1000人,那你也把它记录下来。某天,卫生部和教育部联合发布一条关于"某些岗位不能招聘乙肝病原携带者的消息",你会马上想到这与大学生就业有关,也记录下来。这样,每天看到的、听到的、想到的,都往自己关注的主题上去思考。久而久之,就会在大脑中形成对大学生就业这一主题的优势兴奋灶。

第二,思维导图法

思路决定出路。大学生的优点首先要体现在他的思维能力上。因此,思维模式是大学期间大学生们最应该培养的东西。思维导图法是近年来比较受关注和推荐的一种思维方法,下面做一介绍。

思维导图又叫心智图,是由托尼·巴赞(Tony Buzan)创造性提出的。它是一种表达发射性思维的有效的图形思维工具,也可以说是一种革命性的思维工具,具有简单却又极其有效的特点。

思维导图除了提供一个正确而快速的学习方法与工具外，运用在创意的联想与收敛、项目企划、问题解决与分析、会议管理等方面，往往会产生令人惊喜的效果。它是一种展现个人智力潜能极致的方法，可提升思考技巧，大幅增进记忆力、组织力与创造力。它与传统笔记法和学习法有量子跳跃式的差异，主要是因为它源自脑神经生理的学习互动模式，并且开展人人生而具有的放射性思考能力和多感官学习特性。

思维导图为人类提供了一个有效思维图形工具，运用图文并重的技巧，开启人类大脑的无限潜能。思维导图充分运用左右脑的功能，协助人们在科学与艺术、逻辑与想象之间平衡发展。近年来思维导图完整的逻辑架构及全脑思考的方法在世界和中国更被广泛应用在学习及工作方面，大幅度降低所需耗费的时间以及物质资源，对于每个人或公司绩效的大幅提升，必然产生令人无法忽视的巨大功效。

- 2.拥有梦想，追逐梦想

梦想实际上就是自己心中潜藏的欲望，逐渐发展成为理想。有了这个理想，你就会想到要去拥有它、实现它、战胜它。比尔·盖茨年幼时想把当时传说中的计算机带入每个人的家中，成为生活的一部分，在当时看来确实是个梦，但结果显而易见。在计算机领域迅猛发展的今天，比尔·盖茨和微软创造了人类想都不敢想的奇迹。

理想是由梦想发展和成熟而来的，梦想是理想最初的雏形。在世界不断发展的同时，在我们的思维日臻成熟和完善时，也就成就了由梦想到理想的蜕变。于是，我们不断付出，不断奋斗，有了这种信念和行动，我们最终能实现理想——那由梦想蜕变而来的理想。

第一，拥有梦想

许多同学入学后，往往处于一种茫然的状态。之所以茫然，就是对未来一无所知，更谈不上梦想。因此，作为新时代的大学生，入学后就必须重新构筑自己的梦想。这是关系到自己未来发展的重要一步。

2012年11月29日上午，中共中央总书记习近平在参观完国家博物馆《复兴之路》展览后发表重要讲话，用"雄关漫道真如铁""人间正道是沧桑""长风破浪会有时"概括了中华民族的昨天、今天和明天，首次提出了中国梦的概念，阐述了"中国梦"的深刻内涵，表达了"走中国特色社会主义道路"的坚强决心和实现中华民族伟大复兴的坚定信心。实现全面建成小康社会、建成富强民主文明和谐的社会主义现代化国家的奋斗目标,实现中华民族伟大复兴的中国梦,就是要实现国家富强、民族振兴、人民幸福,既深深体现了今天中国人的理想,也深深反映了我们先人们不懈奋斗追求进步的光荣传统。

习主席说:实现中国梦必须走中国道路。这就是中国特色社会主义道路。实现中国梦必须弘扬中国精神。这就是以爱国主义为核心的民族精神,以改革创新为核心的时代精神。实现中国梦必须凝结中国力量。这就是中国各族人民大团结的力量。中国梦是民族的梦,也是每个中国人的梦。中国梦归根到底是人民的梦,必须紧紧依靠人民来实现,必须不断为人民造福。他号召全国广大青少年,要志存高远,增长知识,锤炼意志,让青春在时代进步中焕发出绚丽的光彩。

中国梦既是民族的梦,也是我们每一个中国人的梦。作为祖国的未来,我们大学生更是中国梦的承载主体,我们一定要把自己的梦想与伟大的民族振兴中国梦结合起来,好好学习、健康成长,把自己培养成祖国社会与经济发展的建设者,在实现自己梦想的同时,为中国梦的实现做出自己应有的贡献。

第二,追逐梦想

拥有梦想是生涯规划的一部分,也就是梦想规划。而光有梦想还不够,还必须为梦想的实现而努力,这就是追逐梦想的过程,也是按梦想制订方案并实施的过程。在追逐梦想的过程中,同学们就在不断地成长,也在不停地为祖国建设做贡献,这样的人生才是一个健康的人生,这也可以帮助同学们获得一个成功的职业人生。

梦想,它帮助人们克服了一个又一个的困难,让人们实现了一个又一个的愿望!梦想,让人们能够生活在充满着进步的社会!因为有了梦想,所以人们会为实现自己的梦想而去努力!

同学们,学会造梦吧!为实现自己的梦想努力学习,勤奋刻苦,把自己培养成有益于社会的参天大树。

• 3.学会明势

明势的意思分为两层:一是要明势,二是要明事。

势,就是趋向。比如做期货的人都知道,要想赚钱,关键是要做对方向,这个方向就是势。势又分大势、中势和小势。

大势,就是一种国家的政策性导向。国家规划纲要对我国的产业调整做了明确说明,比如,国内资源型产业向中西部转移的政策,东南沿海接轨外部资源的产业圈建立;沿边地区的产业布局,其中有云南面向西南边境的产业区、广西面向东盟的产业区,新疆面向中亚的产业区,内蒙古、东三省面向蒙古、俄罗斯的产业区等。这些产业转移以及产业区的建立给我们提供了大量就业和创业机会。抓住了这个机会,就可以满足我们职业发展的需要。大学生要想在大学毕业后能够抓住创业、就业机会,一定要懂得国家的发展趋势和大政方针。所以,学会明势是我们必须掌握的能力。

中势,指的就是市场机会。对于大学生来说,中势就是当前的就业机会。比如,目前的热门行业是什么,行业中的稀缺专业是什么等。所以说,大学生要了解专业,还要了解行业发展趋势,才能顺势而为,顺利就业。

小势,就是个人的性格、兴趣、能力和价值观。大学生在就业时,一定要找到那些适合自己能力、契合自己兴趣、符合自己价值观、可以发挥自己特长的工作,这样才能在工作中积极主动地投入,获得持续稳定的发展。

明事之道在于把握分寸,"害宜避,而有不能避之害;利可趋,而有不可趋之利。"凡事不可不求,亦不可强求。我们每个人都在谋事、做事、行事,然而每件事都蕴含着深刻的事理,若想把事情做好,我们首先要对事理有明确透彻的认识,做个明事之人。

坦诚做人,真诚做事。做事与做人是相辅相成的,真诚待人、恪守信义是赢得人心、产生吸引力的必要前提。待人真诚一点,守信一点,能更多地获得他人的信赖、理解,能得到更多的支持、合作,真诚的心声,才能唤起真诚的共鸣。以诚待人,别人也一定会以诚相见。我们生活中要养成真诚待人的习惯,也只有这样,每个人的心灵才会美好而快乐,才会愉快地生活每一天。

为人处世,要小事糊涂,大事精明。自古成大事者,往往是不拘小节的人。这种人并非是不注重细节,不讲原则,也不可认为其是随波逐流,而是对不关大局的小事情,不过分地斤斤计较。

为人处世,善用方圆之道。"方"是做人之本,是堂堂正正做人的精神脊梁,这个世界上最受欢迎、最受爱戴的那些人物无不是具有"方"之灵魂。武侠小说之所以备受欢迎,其中一个重要原因,也正在于它歌颂了一种侠义精神、大丈夫有所不为,有所必为。如果说"方"是品行端正,那么"圆"即为婉转机警。自古以来,软硬兼施、刚柔并济不仅仅是奸诈小人深谙之道,也是正人君子善用之法。只不过二者各取其用,小人用之达到不可告人的目的,君子用之维护正义,捍卫尊严。我们既要以"方"为立身处世的根本,还要以"圆"来包裹自己,减少行事的阻力,二者相辅相成,才能营造出和谐的人际关系。

会说话的人好办事。说话是一门艺术,在人际关系中有着重大的作用。心里有好的思想,需要有好的说话技巧,合理地表达出自己的想法。我们在人际交往中必须要学会说话的种种方式和策略,才能建立事半功倍的有效沟通。会说话的人都具备以下的素质:首先是语言表达清楚,每个字和词都要说清楚,而且要语速适中,言辞合理,语言条理清晰,切不可口不择言,不知轻重地张口就说;其次,说话要言之有物,语言要有内容才有价值,有用的事才说,知道的事才说,而且要实话实说;再次,语言要幽默有趣,有趣的话能引人入胜,在语言中要善用故事、名言警句和成语等来增加语言的趣味性。幽默的语言是智慧的体现,幽默的语言不仅能为谈话营造愉快轻松的气氛,而且能化解很多尴尬的局面。

小链接

用幽默语言化解尴尬的小故事

余光中是台湾著名的学者、诗人、散文家。有一次,在台湾一项文艺大赛中,获奖者大都是黑头发的晚辈,只有余光中年届花甲,白发染霜。相形之下,余光中颇不自在。在致辞中,余光中风趣地说:"一个人年轻时得奖,应该跟老头子一同得,表示他已经成名;但年老时得奖,就应该同小伙子一同得,表示他尚未落伍。"话音刚落,满堂喝彩。

花甲之年跟年轻人同台领奖,难免会尴尬,然而机敏的余光中用充满诗意的话语将尴尬消解。先是不动声色地称赞年轻人功成名就,而后恰到好处地表明自己宝刀未老。机灵的应变能力和谈吐的非凡魅力都表现得淋漓尽致,同时尽显豁达,尴尬当然随之消失。

审时度势,理智面对事物的发展变化。世上有许多事、许多现象,从理论上是行得通的,但是时机未到,就不能图之,若要强求,硬攻、硬拼,反而会弄巧成拙,甚至功亏一篑;有时,时机虽未到火候,但是,经过巧妙的运作,促使其量变,促使其成熟,然而再图之。这就需要我们有审时度势的智慧。审时度势的能力,具体体现在人的洞察力、决策力、运筹力和前瞻性等方面。会审时度势的人做事能把握住事物发展的本质联系,先想到事情的结局,然后着手去做,即"运筹于帷幄之中,决胜于千里之外"。这样的人在决策时能做到以下三点:能准确地把握客观形势;能依据主观具体条件制订相应的对策;能对决策的各种方案进行比较,择优而从。

> **小链接**
>
> **老狮子与狐狸的故事**
>
> 有一头年老的狮子,已不能凭借力量去抢夺食物了,心想只能用智取的办法才能获得更多的食物。于是,他钻进一个山洞里,躺在地上假装生病,等其他小动物走过来窥探,就把他们抓住吃了。这样,不少的动物都被狮子吃掉了。狐狸识破了狮子的诡计,远远地站在洞外,问狮子身体现在如何。狮子回答说:"很不好。"反问狐狸为什么不进洞里来。狐狸说道:"如果我没发现只有进去的脚印,没有一个出来的脚印,我也许会进洞去。"这是说,聪明的人常常能审时度势,根据迹象预见到危险,避免不幸。

审时度势在当今社会是非常重要的一种处世态度。

(六)职业素养和职业能力培养规划

职业素养包括职业道德、职业技能、职业行为、职业作风和职业意识规范;职业能力则包括团队协作能力、职业沟通能力、创新思维能力、解决问题能力、信息处理能力等。这些在毕业进入社会时极为重要。许多同学由于职业素养和职业能力的不足,导致入职后很难适应用人单位,很难融入工作团队而频频跳槽,所以在高年级做成长规划时,这是重点规划内容。相关内容将在《大学生就业指导与职业素养》中做详细介绍。这里从略。

三、实践规划

大学生未来职业生涯发展需要具备各方面的素质和能力,特别是实践操作的动手能力。实践操作能力强的大学生无疑增加了找工作时的砝码。大学生的动手操作能力来自在校期间多方面的实践锻炼,尤其是社会活动实践。因此,大学生应该制订大学期间的社会活动规划,这将有益于提升自己的动手操作能力。大学生参加社会活动的形式主要是社团、社会实践和学习。

(一)大学社团

每年新生入学后,各大高校的社团都在如火如荼地进行着"招新",而加入各种各样的社团组织也成为大一新生生活的第一课。大学生社团是大学生为了满足心理、文化、生活、社会需要而自发筹备并经学校有关部门批准成立的具有一定目标和活动规范的群众性业余团体组织。大学生社团是大学生培养能力、增长知识、提高素质的一条重要途径。大学里社团种类林林总总,一般分为理论研究类、学术研究类、公益类、文化艺术类、体育类和其他类六种。

- 1. 理论研究类社团

　　以理论学习、宣传研究为主要内容和目的的社团,如理论学习社、科学发展观研究会等。

- 2. 学术研究类社团

　　以某一学术专题的研究、专业的学习为主要内容的社团,如红楼梦研究协会、英语沙龙、E部落等。

- 3. 公益类社团

　　以服务社会、锻炼自我为宗旨的社团,如红十字会、爱心协会、志愿者服务队等。

- 4. 文化艺术类社团

　　依据学生的文艺特长和共同兴趣爱好组建而成的,以注重艺术享受、提高艺术素养为主要特征的社团,如电影协会、诗书画社、舞蹈协会等。

- 5. 体育类社团

　　依据学生的体育特长和共同兴趣爱好组建而成的社团,如乒乓球协会、网球协会、跆拳道社等。

- 6. 其他类社团

　　另外大学校园里还涌现了一些新兴的学生社团,如职业发展协会等。

(二)大学社团的选择

- 1. 选择社团的动机

　　每逢社团招新时,大一新生总是对参加社团普遍呈现很大的热情,有人甚至一下子报名参加好几个社团。可过了一年后,很多人退出了社团。由于各种各样的原因,大学生对社团褒贬不一,有的人觉得收获颇多,有的人却一肚子怨气。为何会出现这种"虎头蛇尾"的现象?我们不妨从加入社团的动机来看一下。

　　有调查表明,59.7%的大学生参加过校内社团,报名动机也很多:为了培养与发展兴趣、锻炼能力、扩大交际圈、心理寄托、打发日子等,并美其名曰"大学入社团,天天有事干"。

　　大学生参加社团的动机大致可以归为社交的需要、尊重的需要和自我实现的需要。当需要得到满足时,他们就会觉得参加社团对自己是有帮助的;而需要没有得到满足时,他们就会觉得加入社团没有收获,只是白白浪费时间而已。

一个好的社团、一个优秀的社团领导者应该了解社团成员的需要层次,并按照层次逐步满足成员的需要。成员的归属感是决定他是否继续参加社团的重要标志,也就是说,一个社团应该首先满足成员的安全需要与社交需要,为成员提供安全的心理环境,让独在异乡的成员感觉到集体的温暖、朋友的关爱,以"情"牵动与吸引新成员。成员之间的平等、友爱与互相关照能够让成员感到自己是被尊重的。

　　社团满足了成员以上的三种需要后,就可以考虑如何满足成员的最高需要——自我实现的需要。有调查表明,学生加入社团的主要原因是培养和发展兴趣、锻炼能力,这些都应属于自我实现的需要。那么,社团就是要为成员提供发挥其特长、发展其能力的平台。觉得在社团中获益的大学生多数就是在某方面获得了成长,得到了提高。一般来说,一个社团很难满足成员的所有心理需求,一个好的社团也很难满足所有成员的所有需求。因此,大学生在选择社团的时候,可以针对自己不同的需要来选择不同的社团,不要将所有需要的满足寄托于一个社团。

　　有些新生一入社团就想被器重、能够脱颖而出,单独策划和组织大型的活动,这种愿望多半难以实现。大部分的新生在社团工作方面是新手,缺乏经验,需要与部门的人分工协作,共同完成某项任务。有些大学生将其理解为"打杂",认为学不到东西。事实上,没有基层工作的经验,没有对各项事务的熟悉,如何能够独力承担一项大型的活动呢?

　　真正善于学习的人懂得从小事中学习怎样为人处世,怎样综合考虑,怎样组织协调,能力也就在学习与实践中不断提高,最终实现了自我的发展,获得了他人的尊重。因此,我们不仅要找准自己的兴趣和特长所在,要有从点滴做起的准备,有时候还要学会等待。

- **2. 以自身兴趣、特长作为选择社团的基础**

　　社团的种类是多种多样的。目前来看,各高校都有几十个甚至上百个学生社团组织。这些学生社团是一个学校学生兴趣、爱好的一个标志,也是一个学校学生特点和大学精神的集中展现。如此多的社团,并非所有的都适合自己。选择社团时首先考虑的应该是自己的特长,而且应该是感兴趣的。每个人的兴趣、爱好不同,选择的方向也理当不同。擅长文艺的同学可以重点关注乐器、舞蹈、曲艺、话剧等文艺社团;如果爱好运动,可以选择体育类社团;如果热心公益,以此为乐,可以选择红十字会、爱心社之类的志愿者协会等。只要是自己的特长或者是爱好,总会找到适合自己的一个社团。

> **案 例**
>
> 李楠在高中时是优秀的学生,当时很是风光了一阵。但是到了大学之后,他发现身边很多人的能力都很强,而且很多人都有艺术、体育等多方面的特长。李楠觉得自己一无所长,所以感觉到比较自卑。于是有一段时间整天沉迷于游戏,导致挂科,结果留级了一年。这一年他好好反省了一下,觉得自己没有特长就更应该在专业学习上比别人努力,这样才有可能迎接这种竞争。于是他根据自己计算机学习上的优势,参加了学校的网络协会。通过和社团里同学的交流、互相学习一起工作,李楠的能力提高了,业务水平也有了大幅提升,期末还被评为"三好学生"。

3. 理性安排参加社团的时间

倡导大学生参加社团组织,前提是不与正常的学习相冲突,而且社团的选择不在于多,而在于精。如有条件,大学期间可以考虑加入两个以上的社团,才能使自己得到相对充分的锻炼。当前社会人才的需求是复合型的,仅具备单一能力的人很难在社会竞争中取胜。应该有多个社团经历,多种才能特长。但大学生也不能同时加入太多的社团,否则就会顾此失彼,从而耽误学业,甚至影响生活。一般来说,大学期间应该选择从一个社团为重点,将自己发展成为社团核心成员,甚至是社团负责人。在不同年级、不同时间段,可以适当选择一两个社团,作为普通会员,开阔自己的视野,培养自己更为广泛的爱好,提升自己的全面素质。

参加了社团活动,这势必与学业的精进存在一定的矛盾。那么如何解决这个矛盾,在学习工作上双丰收呢?这就涉及合理安排时间的问题。原则上要让学习成绩因社团工作而受到的影响小于在社团工作中得到的综合素质的提高。这里首先是保证学业有成,这是基础。如果不能毕业,其他能力很难弥补这一缺憾。处理好这一关系的关键在于"勤"。时间对于大家来说都是一样的,除了上课,很多人把业余时间浪费在漫无目的的娱乐上,或者是给自己留出过多的休息时间,在大学里"休息"多了,自然就要在走向工作岗位后重新补课。

(三)社团成员的自我发展

1. 学会与别人的诚信沟通

人与人之间的关系,如同"作用力与反作用力"一样,你真诚热情待人,同样会受到别人给你的真诚回馈。社团是一个大家庭,无论你在社团中是什么地位,扮演什么角色,都要首先融入这个集体。坦承与热情是让这个集体接纳自己的前提,同时更要学会替别人着想,多宽容体谅他人。作为社团的核心,沟通包括内部沟通和外部沟通。内部沟通除了让自己融入社团外,还要创造社团成员之间的沟通与和谐,要善于倾听成员的诉说,体谅他人的行为,适当地提示和真诚地帮助大家。外部沟通对于社团的生存和发展更为重要,社团要开展活动,就要与其他社团交往,要与学校交往,要与社会交往,这些沟通难度不同,内容不同,沟通的方式和方法也不同。在社团的舞台上,能够提前感受到社会与人之间沟通的要求;在社团中锻炼和成长,能够提前将自己打造成个性鲜明、适应社会的人。

封闭个体是难以获取信任的。中国心理网 CEO 陈伟回忆说:"我在读大学的时候,身边就有高考成绩很好的同学,但却无法跟我们融为一体。他们不喜欢和我们打成一片,却总是希望从我们这里获得敬仰,这种矛盾很难解决。"因为一个封闭的个体在没有向别人敞开的时候往往无法获取别人的信任。他们不懂得与同学真诚沟通。真正让人佩服的是有人格魅力的人。希望所有在学习上有特长的人更能够重视人格的健全发展,在大学阶段通过社团活动中与人的诚信沟通,使自己成为真正的佼佼者。

- 2. 做个有毅力的社团成员

"千里之行,始于足下。"大学生参加社团活动时,应该具有脚踏实地的工作态度和坚定的信念。只有坚持,才能给成功奠定可靠的基础。

大学生一旦加入社团,就应该在各种社团活动中做些有意义的事,投入适当的时间和热情,与社团共同成长。学生社团不是官方组织,大部分面临着活动经费不足的困境。社团要开展活动,要建设和发展,都需要资金支持。不用说组织大型的活动,就是印海报、发通知、印宣传材料都需要经费。会费收入非常有限,因此,社团要开展活动会遇到很多的困难,受到很多限制,成员一定会觉得很辛苦。在困难面前,坚定的信念是必不可少的,否则有些同学就会打退堂鼓,坚持不下去。其实,要想在社团中成长,就一定要用心投入,要坚持与社团"共患难",做个有毅力的社团成员,这样才能够在挫折和失败中寻找成功和捷径。

(四)社会实践的类型

大学生社会实践内容丰富、形式多样,总体上可将其分为研究型、养成型、服务型三类。

- 1. 研究型社会实践

所谓研究型社会实践,是指大学生从学校和社会选择和确定研究课题,主动地获取知识、解决问题的学习过程。研究型社会实践强调学生的研究能力,强调社会实践与学校的发展定位、专业特色相结合,与课程教学环节相结合,与学生兴趣爱好相结合,在"考察""探究""创作"等一系列活动中发现和解决问题,提高实践能力和创新能力。研究型社会实践一般包括教学实践、专业实习、科技服务(创新创业)等。

大学生通过社会实践,接触实际,增加感性认识,加强了对专业知识的了解,弥补了课堂教学的不足。加强专业实习是强化学生实践能力、培养创新能力的重要环节。"宽口径、厚基础、重实践、高素质"且具有创新精神的复合型人才是当前高校对学生的培养目标,而"重实践"的实现需要靠一定的专业实验、实习教学来保证。开展科技服务是大学生社会实践活动的一项重要内容。大学生利用假期,运用所学知识,从事一些技术服务工作,目的是在学生中形成热爱科学、相信科学、运用科学、勇于创新的学术氛围,锻炼学生的科学研究能力。开展科技服务,可以很好地体现"办实事、做贡献、受教育、长才干"的指导思想。

- 2. 养成型社会实践

养成型社会实践是指有利于培育大学生整体素质,发挥教化功能的一类社会实践。养成型社会实践在内容上强调与思想政治教育相结合,与大学生基础文明教育相结合,与学生自立自强意识培养相结合,与提高学生整体能力素质相结合,旨在提高学生的政治理论素养、提高学生的基础文明和自立自强的意识。这类社会实践的形式主要有军政训练、勤工助学、生产劳动等。

大学生军政训练是对在校大学生进行有目的、有组织、有计划的国防形势政策教育和军事理论与军事技能教育的主要形式,是由学校和驻地部队共同完成的一项贯彻思想政治教育要求、培养大学生综合素质的实践性教育活动,是实现高等教育目标、培养社会主义合格建设者与接班人的重要载体。爱国主义精神是大学生国防教育的核心,军训是对大学生进行爱国主义教育、增强爱国主义思想的最好途径。

大学生勤工助学是指在校大学生利用课余或假期时间,在校内或校外参加的各种有偿实践活动。新时期的勤工助学与过去的勤工俭学相比,不仅在经济上发挥着帮困助学的作用,更重要的是通过勤工助学这样一种特殊的社会实践活动,对学生进行思想上的锤炼、知识上的补充和能力上的培养,促进学生综合素质的全面发展。目前这是大学生社会实践的主要形式。

- 3. 服务型社会实践

服务型社会实践是指高校学生立足于地方经济建设和社会发展,以服务求支持,以贡献求发展,为区域发展贡献力量的一类实践活动。它主要包括暑期"三下乡"、"四进社区"、志愿服务和社会调查等形式。

志愿服务社会公益是高校开展社会实践活动的重要途径。公益活动是指涉及科学、教育、文化艺术、体育、医疗卫生、环保、社会福利、社区服务,以及其他一切关心社会的活动。通过志愿服务公益活动,教育大学生树立热心公益、自觉承担社会责任的观念,培育市场经济环境下的公益意识。社会调查是实现理论与实际相结合的重要途径,有利于大学生树立正确的世界观、人生观和价值观,培养科学的思维方式,教会大学生正确做人、适应社会的本领,全面提高大学生的综合素质。同时,社会调查还具有很强的操作性,被实践证明是符合当前高校实际、行之有效的社会实践形式。

> **案例**
>
> 清华大学为了加强学生对职业生涯规划的教育,采取了一种外聘职业生涯教练的方法,取得较好的效果。他们的做法是:请相关行业的人力资源人士作为导师,各带一个小组进行职业认知,认知过程包括课堂和实践。比如,中冶集团人力资源总监在上课中就介绍中国钢铁发展史,从建国初期的大炼钢铁,到后来的首钢集团、宝钢集团的发展,再到节能减排形势下的我国钢铁业的走向等,使同学们了解了不少过去老师从没介绍的行业信息。
>
> 另外,对部分有意从事机关工作的同学,清华大学请来县委书记做教练。该教练在上课之余,安排学生到县里各机关去实习,了解公务员工作的实际状态和内容,体验我国公务员在执行公务时所需要的知识、技能和方法。这对学生未来从业是有很大帮助的。

(五)重视实习

大学生实习是大学生社会实践的一个重要环节,主要包括生产实习和毕业实习。实习期间,学生接触生产实际,经过现场观察、调查研究、实际操作,把所学的知识运用到实践中去,能使学生在实践中加速业务上的成熟,缩短学校教育和社会要求的距离,增强竞争力和适应能力。

实习还可能成为毕业后的主要就业方向。除了可以在实习单位就业之外,也给自己在相关单位求职提供便利。但目前大学生实习存在着很多的障碍,主要表现在以下几个方面:

寻找实习的渠道单一:现阶段大学生实习多通过熟人的介绍,因为很多公司的实习机会都不会公开招聘。所以大学生普遍通过老师、家长、亲朋好友等传达要寻找实习的信息。

实习工作不对口:很多学生反映在企业实习,没有做实质性的专业工作,只是做"最简单的重复工作",比如数据录入、资料整理、复印文件等。这也是现在企业排斥实习生的主要原因之一,认为很多实习生对企业了解少,并且眼高手低,不愿从一些基本的事情做起,企业和学生的这种博弈最终导致实习市场发展滞后和不完善。

学生对实习单位要求太高：部分学生对实习单位的要求太高，而实习单位目前较希望从实习的学生中选拔人才留用，所以对实习生的进入条件要求严格。一个某大学导播系毕业生打算进入某电视台从事导播实习，但由于该电视台进行用人机制改革，对实习生的管理异常严格，没有同意他的实习请求。结果该生就放弃实习机会，干脆在家休息。

小知识贴士

赚钱很重要，锻炼自己更重要

刚进入大学的兴奋期很快就过去了，课程也不是很紧张，于是，一向不安分的我开始蠢蠢欲动，想找点事情做。

有一位同学想组装一台电脑，我听后马上揽下来。我学的就是计算机专业，算是学以致用。我和同学一起来到齐赛电脑城，一边按价格和学习的需要调整配置，一边和老板讨价还价。在我的参与下，只用两个小时就把电脑装好了，自我感觉性价比也很合理。

这以后，又有几个同学找我组装电脑，每次都去第一次组装电脑的那家，因为装得多了价格可以优惠。有一天，那个老板突然打电话给我，说有一份组装电脑的工作问我干不干，我毫不犹豫地答应："干。"

原来，老板接了一份网吧的活儿，三天之内要装30台，他自己的人手不够就想起了我，事先说好每装一台给我25元钱。于是，我和老板的三个员工开始组装。我们流水作业，一人负责安装一项，一连干了三天，终于按时完成了。

因为我经常去电脑城，好几家老板都认识我，学校里找我装电脑的同学也与日俱增。而且，不仅如此，我还负责"售后服务"，今天这个同学打电话说电脑出问题了，明天那个同学说电脑有问题，我都认真处理对待。

在兼职的过程当中，我提升了自己的专业知识水平，不仅掌握了电脑硬件的大量专业知识，而且对各种电脑软件的操作和维护非常精通；并且在与社会打交道的过程中，学会了如何与人相处，学到了学校、课堂上学不到的东西，大大提升了自己的综合能力。

最终，我如愿以偿进入东软集团工作。

在这里要提醒学弟学妹的是：不管从事什么样的社会实践，都要认真对待，从中获取知识；赚钱固然很重要，但是锻炼自己更重要！

- 1.选择实习时机

在以下几种情况下可以选择去实习：

(1)当你掌握基本理论后,在个人充分学习某一专业后,可以选择去实习,在实习中检验自己所学的知识；

(2)当自己无法抉择时,在个人不断学习的过程中仍然感到茫然或无从下手时,可以选择去实习,在实践中找出问题；

(3)当想进一步了解工作时,可以选择去实习,在一定的了解和积累后总想跃跃欲试,这时在实习中可以进一步明确工作；

(4)当你自以为是时,当你认为自己可以大展拳脚时,当你认定方向时你都可以选择去实习。

- 2.实习中的两大难题

(1)不了解岗位与职场。企业的规模与声望是学生找实习时最看重的。而在实习中,大学生对岗位和职场的认识就要提上日程了。岗位是你的本职工作,职场是你发挥自我的阵地,所以了解岗位和职场是大学生在实习中必须要学习的两个方面。

对岗位的不了解表现在大学生在实习前就没有实习岗位的意识,导致对岗位没有调研,其实岗位实习才是大学生实习最有价值的地方；在实习中一些学生也不重视岗位的体验和学习,从而不能理解岗位的核心工作内容与职责,也就无法针对性培养岗位的核心能力。学校在岗位知识方面要开设专门的课程,一方面介绍社会各个岗位的知识,一方面也要传授调研、了解岗位的方法。一些企业对岗位还没有明确的岗位描述,所以企业要加强人力资源建设。学生自身在实习前要通过互联网或请教职业顾问来明确岗位的描述,在实习中要特别留心岗位的核心工作以及自己与岗位之间的能力差距。

一些学生对职场也不了解。校园环境和职场环境是有很大不同的,你不能用校园里的那一套经验来应付职场,所以拿出一定时间专门了解职场规则是很有必要的,重点了解职场中的人际关系、工作伦理、工作规则等。学生自己可以多去职场类网站看看,或者买本职场图书,以便自己有准备地进入职场去实习。

(2)个人素质与工作能力不匹配。因为对以上因素的不了解,所以会导致实习中大学生个人自身所具备的素质与职场所要求的工作能力不相匹配。如学生对办公用品的操作能力不强,不懂得怎样汇报与执行工作,商业写作能力较差,人际沟通、团队协作等能力较差等,这些都是具体的表现,例如不能用写论文的方式和心态来写一个商业策划案。所以在深入了解职场后,针对性地培养相应的能力是协调自身素质与相关工作能力的有效手段。

学校一定要开设职场素质、职业通用能力的课程,并且组织相应的校园活动。学生自身多与职场人交流,多看职场方面的书,多参加校园实践活动,个人要以工作要求为提升自己能力的参照。

- 3.实习的注意事项

(1)有一定的专业能力与技巧,能达到所被要求的工作表现。不论你的工作是总经理、业务员、秘书、甚至小助理或水电工人,达到所被要求的工作表现,是最起码的要求。但是很多人只关心自己的职责,以为把分内的事做完就好,却不明白自己和自己的工作表现与公司业绩息息相关,没看清楚自己与公司整体的关系,即使做好所谓的分内工作,仍然没有达到应该有的工作表现。

(2)以正面的态度接受工作的辛苦、压力,甚至枯燥乏味。如果你认为工作就是工作,每天做同样的事情,每天看同样的脸孔,每天听同样的抱怨……根本没有前途可言,所以对工作很失望,那你可能会决定开始混日子,只求多一事不如少一事,这样的结果对你与公司都不好。换一个角度想,没有人说工作一定非得有趣不可,它只是非做不可罢了。既然一定要做,当然有可能遇到瓶颈,如果你自己不愿意去做改善,成天鬼混可以,但这并不会让工作变得更加有趣,反而只会让它更加乏味。

(3)通过学习不断自我成长,加强灵活度与弹性。个人也像产品一样,有所谓的产品生命周期——成长期、成熟期与衰退期,如果你太过沉浸于每天的例行工作中,而没有花时间与精力去学习,去改善自己的能力并提升价值,很快就会进入衰退期,然后被搬离货架——办公室不再需要你这个人。为什么要自我成长?第一,充满挑战的工作机会,不会平白无故从天上掉下来,如果你想脱离乏味的工作,就要增强自己的能力;第二,万一哪天公司有了变化,或许被其他公司并购,或许你的部门被裁撤,为了要继续在办公室里占有一席之地,你必须拥有其他才能。

(4)了解企业独特的文化与价值观,设法融入其中。每个组织都有自己独特的文化,这包括了原则、信仰、目标、规矩、传统与做事的方法,即使是最民主或最不限形式的组织也不例外。如果你穿一身运动服走进大家都西装革履的办公室,或许同事会认为你勇于挑战,但他们不会视你为一分子;反之亦然。即使这样的规定只是大家心照不宣,并未成文,大家也会觉得你"怪怪的",你的特殊也难以令所有人接受。企业文化不仅反映在服装上,也会反映在用词遣字、待人接物、做事方法、思考方式、办公室环境上。

（5）做个"忠诚"的员工，尊重与关心公司及他人的利益。所谓的"忠诚"，并非指的是你要爱你的公司、遵守公司所有的规定、赞同公司的每一项政策，甚至把自己卖给公司，而是指你应该要"关心"公司，希望公司能成功，前景看好。这并非是缺乏个性与独立人格的表现，而是一种互利的表现。

（6）了解上司的管理风格，与上司相处有诀窍。上司是主掌你"生杀大权"的重要人物，造成你问题与困扰的机会也最大。在你的工作上，你可能遇到各式各样的上司，有的很好，有的不怎么样，有的甚至会毁了你。无论如何，你必须先了解上司的世界观、价值观与想法，知道他会怎么看待你的工作表现，你才能更了解自己的工作，做事的效率会更高。

（7）懂得"听话"的技巧，具备良好的沟通与协调能力。从事任何工作，学会听话很重要。你要事先对讨论主题做准备，并营造一个双方都能轻松谈话的气氛，对谈中要懂得撷取谈话内容的精华，接纳与自己不同的观点，容忍对方离题、紧张等各类状况，并重述自己所听到的以确定对方的意思，这些技巧都有助于你在办公室里处处受欢迎。

（8）了解"办公室政治"，懂得时时保护自己。一般人一想到"办公室政治"，就会马上与"争地盘""故意中伤"等负面的事情做联想。办公室政治的确可能会破坏企业的文化与员工的表现，但却因为资源有限，是免不了的运作方式，适度地参与其中，但不玩阴险狡诈的手段，将有助于你在办公室内推动公司事务，保住应有的资源与权力。

第二节 制订大学期间生涯规划的方法

一般说来，大学生毕业的去向主要分就业、创业和深造等几种类型。这就是我们读大学的主要目标，也是我们学习的动力所在。大学生在基本确定好自己的毕业去向（生涯目标）之后，就应该根据这一目标进行详细的规划。规划的主要方法可分为按内容规划和时间（阶段）规划两种，即既可以以时间（阶段）为主线来制订规划，也可以以内容为主线来制订个人的生涯发展规划。到底选择哪种方法，可根据自己的具体情况而定。

一、确定职业生涯目标

(一) 生涯决策

生涯决策是针对个人职业生涯发展的问题,经过严谨的思考和慎重的分析,对个人职业生涯发展进行规划与设计的过程。生涯决策有助于大学生坚定自己的目标,让自己朝着目标不断努力前进。

(二) 确定职业生涯目标的意义

职业生涯目标是个人职业生涯规划的重要内容,是人生的指向标,犹如大海中的灯塔。没有目标的人如同航行在茫茫大海中的孤舟,没有方向,不知所终。

2013年3月应届毕业生求职网发布了2013年中国高校应届毕业生就业情况调查问卷,4月回收了8万多份有效问卷。调查结果显示,目前有近90%大学毕业生需要有一个明确的职业生涯规划,但是有45.79%的人没有对未来的职业生涯进行规划,其他人虽然有规划,但是规划目标不明晰。这样的情况导致的结果是,面临毕业,但是有58.24%的学生从来没有收到过企业的offer,也就是没有找到工作。而其他同学,即使收到了offer,但是对自己是否进入该领域、行业,在岗位从事工作还不能确定。参见图4-1。

您对毕业后的职业生涯是否有所规划?
- 没有规划,走一步算一步,25.98%
- 知道我将来要干什么,但是没有详细的规划,54.21%
- 我有详细的规划,并在努力实行中,19.81%

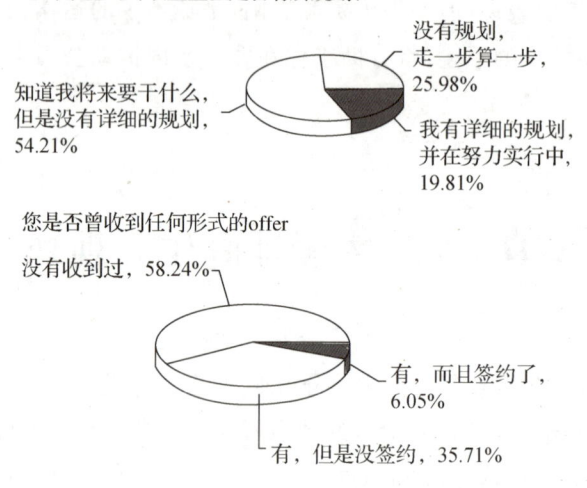

您是否曾收到任何形式的offer
- 没有收到过,58.24%
- 有,而且签约了,6.05%
- 有,但是没签约,35.71%

图 4-1 生涯目标调查

这种情况对毕业生就业有很大的影响。没有明确的目标,不能根据职业生涯目标进行职业选择,不仅让毕业生浪费了大量的时间,也让毕业生更加迷茫,不知未来何去何从。

(三)运用 SWOT 分析法进行大学期间的生涯决策

SWOT 分析法又称为态势分析法,是一种能够较客观而准确地分析和研究一个单位或个体现实情况的方法。SWOT 四个英文字母分别代表:优势(Strength)、劣势(Weakness)、机会(Opportunity)、威胁(Threat)。从整体上可以分为两部分:第一部分为 SW,主要用来分析内部条件;第二部分为 OT,主要用来分析外部条件。参见图 4-2。

我们在生涯规划中也可以利用这种方法,充分做好自我认知和环境认知,从中找出对自己有益的、值得运用的因素,以及对自己不利的、需要避开的因素,找出解决的方法,在"知己""知彼"的基础上确定自己的目标。

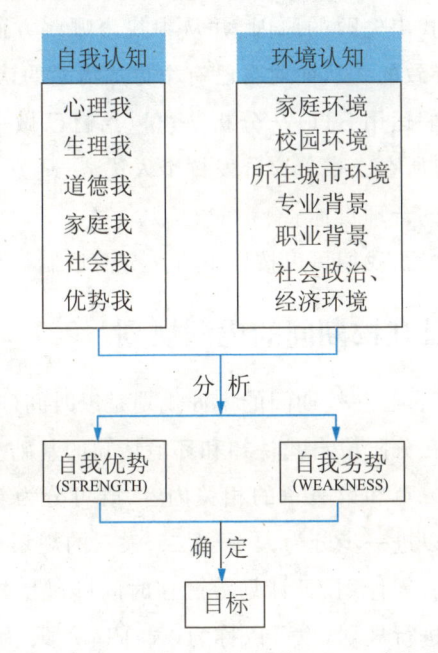

图 4-2 用于职业生涯规划的 SWOT 分析法

• 1.我的优势

(1)自我条件的优势是什么?结合前文的自我认知分析,给自己做一个详细的描述,找出自己的自我优势。

(2)我的专业特长有哪些?将自己在大学中所学的专业知识、专业技能和在大学所取得的各种资格证书做一个详细描述。

(3)我获得了哪些社会实践经验?列举自己在大学中加入过的各种社团、参加的各种实践活动,以及所取得的社会经验。

(4)我曾经做得最好的是什么事情？总结自己成长过程中经历过的事情，找出自己做得最成功的事，分析成功点在哪里，自己又是如何取得成功的。通过分析，找出自己通往成功之路的智慧之源。

- **2.我的劣势**

(1)自我条件的弱点是什么？结合前文的自我认知分析，给自己做一个详细的描述，找出自我条件的弱势。

(2)我的社会经历还有哪些不足？盘点自己的成长经历，找出自己还缺乏哪些实践经验，缺少哪些资历和资格。

(3)我做过的最失败的事情是什么？总结自己曾经经历的事件，找出自己最失败的经历。通过分析，找出失败的原因，并从中找出哪些方面是客观因素导致的，哪些方面是主观因素导致的。从而对自己有个更加清楚的认识。

在生涯决策中，我们运用 STOW 分析法可以给自己做一个客观的分析，找到自己生涯发展中的优势所在。本着充分发挥个人优势、避免个人弱点的原则，通过科学的分析，确定自己的合理目标。

确定自己的目标之后，我们可以按以下方法分阶段制订自己的生涯规划方案。

二、按时间制订自己在校期间的生涯规划

按时间(阶段)制订自己在校期间的生涯规划是以时间(阶段)为主线来规划大学生涯的一种方法，可在分阶段自我认知和环境认知的基础上，分阶段制订自己的生涯目标规划，结合第二章和第三章的相关内容，既可分为新生期规划、低年级规划和高年级规划，也可以进一步分为大一、大二、大三的规划，还可以再细分为上学期、下学期，甚至月计划、周计划、日计划等。在时间(阶段)规划的基础上，再对内容(学业、成长和实践)进行规划，也可以称为以时间(阶段)为纲、内容为目的规划。

一般来说，规划者应首先进行自我评估，认清自己的优缺点；其次，确定短期和长期目标；然后开始制订行动计划，根据需要，采取相应的方式和途径，按时间进行。这里要特别指出两方面：一方面，所定的计划要切实可行；另一方面，在拟好了规划后，还需要提醒自己，在行动中具体实施目标时也会碰到困难，如难以预料的或难以控制的事情发生，像社会经济衰退、生病、生活环境突然发生变化等，在这种情况下，同学们应该调整自己的心态来适应社会需求，以社会的需要和发展变化为前提来实现个人的终极目标。

案例

王茜的目标

王茜是某大学计算机专业的大一新生。为了避免大学毕业后就业走弯路，她根据自己所掌握的职业生涯规划知识为三年大学生活做了一个规划：

她根据大家的评价和各种测验，发现自己是一个较为外向开朗的人，对社会经济问题感兴趣，擅长分析，对数字很敏感。弱点：气势压人，难以与他人合作；考虑问题深度不够，文字表达能力欠佳。据此，她确定的毕业目标是：毕业后进入知名管理顾问公司。而要达到这个目标，她必须加强文字表达和沟通能力的提升，要加强英语表达能力的提高，并且在专业学习上有成果。然后，她制订了如下的计划：

一年级的目标：初步了解职业，提高人际沟通能力。主要内容有：和学长们进行交流，询问就业情况；以学习为主，在学好基础知识的前提下，积极参加学校活动，增加交流技巧；了解一些管理方面的知识。

二年级的目标：努力学习专业知识，提高专业素质，为自己将来的职业打下坚实基础。主要内容有：努力学习本专业的知识，考一些对自己将来有帮助的证书；继续参加社会活动，同时在假期做一些与自己专业相关的兼职，锻炼自己的能力。

三年级的目标：顺利毕业，并获得一份较满意的工作。主要内容有：顺利完成自己的毕业设计；收集职业信息，选择就业单位和就业岗位；凭借前几年积累的人际关系和工作经验，找到一份令自己满意的工作。

当你的毕业去向已基本确定时，无论就业、创业、留学、考专升本都可用表4-1对你的大学生涯进行规划。

表4-1 以时间（阶段）为纲、内容为目制订的职业生涯与发展规划表

规划时段		规划内容	具体目标
大一	上学期	学业规划	
		成长规划	
		实践规划	
	下学期	学业规划	
		成长规划	
		实践规划	

续表

规划时段		规划内容	具体目标
大二	上学期	学业规划	
		成长规划	
		实践规划	
	下学期	学业规划	
		成长规划	
		实践规划	
大三	上学期	学业规划	
		成长规划	
		实践规划	
	下学期	学业规划	
		成长规划	
		实践规划	

三、按内容制订自己在校期间的生涯规划

　　按内容制订自己在校期间的生涯规划是以内容为主线来规划大学生涯的一种方法，具体可分为学业规划、成长规划和社会实践规划。内容又可以分段（年度、学期、月、周、日）进行规划。

　　学业规划主要是大学期间对学习方法、学习内容、学习成绩、学习进度、毕业去向等方面做出的生涯规划。

　　成长规划主要是对世界观形成、思维模式、身体健康、良好心态的养成、理财能力、时间管理和人际往来、交友恋爱等方面制订在校期间的生涯规划。

　　社会实践规划主要包括从参加校园社团、参加公益活动、见习实习、假期社会服务与兼职等内容为载体制订的在校期间的生涯规划。

　　大学期间，不同学年有着不同的学业内容、成长内容和社会实践内容，而且每个人的实际情况也不一样，所以每个人应该根据自己的实际情况确定符合自己的生涯规划目标，制订适合自己的职业生涯和发展规划。

　　当你的毕业去向已定时，无论就业、创业，还是深造，都可以用表4-2对你的大学生涯进行规划。

表 4-2　以内容为纲、时间为目制订的职业生涯与发展规划表

规划主题	规划时段		具体目标
学业规划	大一	上学期	
		下学期	
	大二	上学期	
		下学期	
	大三	上学期	
		下学期	
成长规划	大一	上学期	
		下学期	
	大二	上学期	
		下学期	
	大三	上学期	
		下学期	
实践规划	大一	上学期	
		下学期	
	大二	上学期	
		下学期	
	大三	上学期	
		下学期	

　　大学生职业生涯规划的方法很多，我们这里介绍的是在学生确定毕业去向（即毕业的生涯目标）以后，为了实现生涯目标而从内容和时间（阶段）两个方面进行的规划。目标规划有长期目标规划、中期目标规划和短期目标规划，比如几年规划、学年规划、学期规划、季度规划、月规划、周规划或日规划等。实际上，在某阶段要做某项目时，也可按此方法进行短期的项目规划。

第三节 大学生生涯规划的阶段性

应该怎样规划大学生活才能达到读大学的预期目的呢？我们认为还是要分新生期、低年级、高年级三个阶段，一步步地规划，一步步地成长，避免茫然和苦闷伴随我们的大学生活。这里我们根据各个阶段的规划重点给出一些参考内容，具体规划要由同学们根据自身的特点，结合前面介绍的规划方法做出合理的规划。

一、新生期大学生生涯规划

大学生要尽快适应大学的生活和学习，要完成未成年人向成年人的角色转换，完成由依赖到独立生活的转换，完成被动学习到主动学习的转变，重点是加强对专业学习和成长的规划。参见表4-3。

表4-3 新生期大学生生涯规划表

规划目标 适应大学	学业规划	学会自主学习	
	成长规划	学会与人相处	
		学会自我管理	
		学会成人思维	
		学会独立生活	
		熟悉校园	
		努力向大学生转变	
		学会感恩	给父母写一封感恩信 给中学老师写一封感恩信 计算大学学习成本

(一)新生期大学生学业规划

大学新生在经历过严酷的高考之后,如愿迈入大学的门槛。然而,大学生活不是高中生活的简单延续。面对大学这一新环境,大一新生需要调整心态,顺利实现角色转换,达成与新环境的平衡。

新生期大学生学业规划的主要内容就是尽快适应大学学习方式的转变。大学的学习方式是自主性学习,学习时间、教授方法、作息时间等都需要个人有高度的自制力,需要自己去上课、去图书馆查资料、讨论等,这与中学时期不一样。因此,新生要尽快适应大学的学习方式,尽早步入学习的正轨。

(二)新生期大学生成长规划

(1)通过军训,摆脱依赖,学会独立生活,结识新友,学会自己管理自己;

(2)熟悉校园:熟悉寝室、教室、实验室、机房、图书馆、运动场、食堂、超市、浴室、开水房、报告厅、就业服务指导中心等环境;

(3)熟悉班友、室友:与室友、班友结成好伙伴;

(4)自主生活规划:能按时起床,不迟到早退;能自己洗衣,不乱丢脏物;能按时作息;能保证饮食、睡眠正常;能坚持每天锻炼,保证身体良好。初步适应大学生活;

(5)结识几个老乡或学长:在本校和本市其他外校寻找几个老乡或学长。

二、低年级大学生生涯规划

低年级大学生的生涯规划则应重点做好学业、成长和实践规划,使自己在德智体各方面全面发展。同时,对所学专业、所学专业与行业的关系、本专业可以就业的职业及其准入标准等进行了解,为职业生涯发展做好能力和技能准备。参见表4-4。

(一)低年级大学生学业规划

在低年级(主要指大一新生期后和大二),学业规划以通识能力及专业基础课学习为主。

- 1.大学一年级学业规划

大一学习任务不重,多为基础课程或人文、通识课程。因此,作为大一学生,要尽量把更多时间放到图书馆去博览群书,充实自己,更多地去思考,更多地去成长,拓展生命的宽度。要尽早把外语、计算机、生涯规划等方法类课程上好,熟练掌握这些方法后,对自己的生涯发展极有帮助。学习之余,要了解本专业的就业情况,给自己增加一些忧患意识,早做准备。

表 4-4 低年级大学生生涯规划表

规划目标	学业规划	通识能力学习规划	
		专业基础学习规划	
		初步了解专业网站、杂志	
	成长规划	养成良好的生活习惯	
		培养健康的兴趣和良好的心态	
		树立正确的恋爱观	
		学会自我管理	
		培养良好的思维方式	
		培养科学的世界观	
		拥有梦想	
		学会明势	
	实践规划	参加几个社团	
		做几次义工	
		参加几次见习	
		参加几次院级活动	
		访谈几个生涯人物	
		参加几次职业体验活动	
		写出几篇实践论文	

这一阶段大学生的主要学习任务是：

(1) 了解专业课程学习的教学培养计划和目标，明确学习方向；

(2) 了解大学阶段学习方式和途径，充分利用学校学习资源；

(3) 树立以学习为中心的观念，努力学好专业基础知识；

(4) 初步了解所学专业就业、考研情况，初步探索与专业关联度较高的职业发展情况。

- 2.大学二年级上学期的学业规划

大学二年级上学期处于大学职业生涯中的定向期。这一阶段，角色转换已经顺利完成，对大学生活也已经基本适应，因此这一阶段的学业规划重在学好所学专业的专业基础课程,并结合本专业所对应行业的要求,多了解相关专业人士、企业、学者,浏览相关杂志和网站。完成相关专业知识的储备,提高综合素质,初步明确大学毕业后的基本去向,尽量明确自己的职业生涯发展方向。这一阶段的主要学习任务是:

(1)继续深入学好专业知识;

(2)争取通过全国大学英语考试和计算机等级考试,熟练操作计算机;

(3)向老师、学长虚心请教,请他们给自己的学业规划提出宝贵意见;

(4)充分利用图书馆、电子阅览室、学术报告会等形式进行知识积累,完善知识结构;

(5)积极参加学术科技竞赛活动,提升自己的专业研究水平;

(6)加强了解与自己职业方向相关的情况,通过与专业相关的杂志、网站等媒体了解更多专业知识,选修相关课程,增加知识积累。

科学合理的知识结构是从事现代社会职业的必要条件,是综合素质、能力培养和人才成长的基础,所以大学生在校期间一定要形成科学合理的知识结构。尤其是对于理工科大学生而言,建立合理的知识结构,形成自己鲜明的就业核心竞争力。

• 3.大学二年级下学期的学业规划

大学二年级下学期进入了大学生涯规划的分化期,这一时期的学业规划重点要确立未来职业目标,完善提高各项实践能力。

继续深入学习本专业的专业知识;撰写专业文章,熟悉自己的专业领域,在具备必备的基础理论和专门知识的基础上,重点掌握从事本专业领域实际工作的基本能力。

小知识贴士

高素质高技能的专门人才=品格+知识+技能+才艺。即诚实、可靠、能吃苦;有教养、懂礼貌;能动手、会做事;有爱好、有特长;专业基本功扎实;拥有多种技能等级证书。

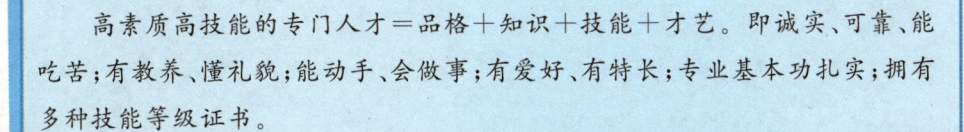

(二)低年级大学生成长规划

低年级大学生成长规划的主要内容以养成良好的生活习惯、培养健康的兴趣和良好的心态、树立正确的恋爱观、学会自我管理、培养良好的思维方式、树立科学的世界观、拥有梦想以及学会明势为主。

(三)低年级大学生实践规划

低年级大学生社会实践规划以选择社团进行活动为主,也有部分学生自大一开始就兼职或者创业。

大学生社团与大学生素质拓展活动有着十分密切的关系。大学生社团是大学生素质拓展的重要载体和主要阵地,社团活动是大学生素质拓展计划的重要内容,社团发展与素质拓展密切相关。在大学生素质拓展计划中,社团活动被列为其中一项重要内容。通过考察高校大学生素质拓展计划的实施情况可以发现,凡是社团活动比较活跃的高校,大学生素质拓展计划实施的成效就比较突出,大学生素质的整体状况也比较好。因此,从大学生素质拓展的大背景着眼,对大学生社团的性质、特点、机制等加以分析,从而加深对大学生社团在素质拓展中的作用和地位的认识,将有效促进大学生社团的健康发展。

三、高年级大学生生涯规划

高年级大学生的生涯规划则应按照行业、职业的用人标准,以做好就业或毕业后去向的充分准备为主。也就是说,应以毕业后的去向作为规划目标。参见表 4-5。

(一)高年级大学生学业规划

高年级大学生的规划一般是指大学三年级的规划,部分同学也可能提前到大二下学期。

表 4-5　高年级大学生生涯规划表

目标决策	毕业目标		
	SWOT 分析	优势	
		劣势	
		差距	
规划目标	学业规划	专业学习规划	
		职业素养提升规划	职业技能提升	
			职业思想、道德、行为提升	
		准备毕业论文或毕业设计	
		准备毕业考试	
	成长规划	辩证看社会	
		学会专注性思维	
		努力向职业人转变	
		努力向社会人转变	
		进一步学会时间管理和财务管理	
		构建职业人脉圈	
		慎选恋爱对象	
	实践规划	参加几次大型专业性全国大会	
		选择几家相关企业实习	
		参加几场招聘会	
		准备几份简历和求职信	

　　大学生在经历两年的学习和锻炼之后,不仅掌握了扎实的专业知识和技能,而且在组织协调能力、语言文字表达能力、分析解决问题能力等各方面有了质的飞跃。在大学即将结束的最后阶段,大三学生的学业规划方面需要做好以下三方面的工作:

　　(1)职业素养提升规划(包含职业技能、职业道德、思想和行为方面):①在加强专业知识学习的同时,考取与目标职业相关的职业资格证书;②参加相关的职业培训,提升有针对性的职业能力;③参加和专业有关的暑期工作,和同学交流求职工作心得体会;④根据自己的发展规划,完成考专升本、出国、创业需要的相关准备,如语言能力证明等;⑤学习写简历、求职信;⑥了解、搜集工作信息的渠道,并积极尝试;⑦加强职业道德理论的学习,提升思想道德修养;⑧学会自觉自省,通过学习,善于认识自己、客观地看待自己,规范自己的行为举止。

(2)完成学业。主要指完成毕业论文或毕业设计,顺利实现毕业。大三的学生要准备毕业论文或毕业设计,准备毕业考试。

(3)根据毕业去向做好相关知识的准备。①选择就业的同学要制作简历、撰写求职信,学习求职技巧,了解面试求职技巧和流程,进行面试预演;②选择考专升本的同学要做好参加考试的相关知识准备;③选择创业的同学要了解学习相关创业知识、政策;④选择出国的同学要学习了解出国相关知识、政策以及各个国家和学校的最新留学政策。

大学三年级的结束意味着大学生活的结束和职业生涯的正式开始。因此,这一时期学业规划任务围绕顺利毕业(毕业论文、毕业答辩、毕业考试)、实现大学生涯阶段目标来开展,或者成功就业,或者成功考取本科,或者顺利出国,或者开始创业,做最后准备等。

小链接

按毕业目标进行规划。由于大学生各自的专业、志向和发展方向不同,因此每个人的发展道路也不尽相同。

(1)准备考专升本的同学:开始努力"备战",如选择专业、学校、专业课复习以及政治与英语复习等。

(2)想出国留学的同学:要向不同的留学机构咨询有关留学信息,准备各种资格考试,向相关教育部门索取招生简章以做参考等。

(3)想毕业后立即工作的大学生:则应积极地投入各种社会实践活动和社团活动之中,培养自己的各种能力和团队合作精神,提高自己的综合素质,考取与就业相关的职业资格证书等。

(4)准备创业的同学:更要积极参加各种创业大赛和创业实践活动,提高创业素质,积累经验,了解创业相关政策与法律法规,明确创业方向等。

(5)准备参军的同学:要了解国家的相关要求,包括对接受范围的考虑,以及对学习成绩的要求和对身体素质等的限制。

(6)准备考公务员的同学:也应该早做准备。提前了解考试的范围、科目,确定自己的报考职位。去图书馆借阅相关书籍,同时也要进行相关的面试训练。

(二)高年级大学生成长规划

高年级的成长规划是在低年级成长规划的基础上进一步学会时间管理和财务管理,扩大人际交往圈,学会专注性思维,学会辩证地看社会,更加慎重地选择恋爱对象,努力实现从学生到社会人的转变和从学生到职业人的转变。

(三)高年级大学生的实践规划

高年级社会实践规划以参加实习、见习为主。

大学生社会实践活动是解决理论脱离实际、知识远离生活等问题的有效途径。它可以帮助大学生实现理论和实践的结合,可以提高高校人才培养与社会实际需求的契合度,努力培养适应时代需求的高素质创新型人才。因此,大学生通过参加社会实践活动,拥有体验的机会,是主动、自主获取知识的过程,而不是由权威从外部来灌输知识的过程。

高年级学生实践内容应该包含:参加大型专业性全国大会,在相关企业参与实习,准备简历和求职信,参加几场社会招聘会等。

第四节 大学生生涯规划案例介绍

在大学期间,大学生应该根据自己确定的职业发展目标,结合自己的实际情况,合理规划自己的大学职业生涯。为了更好地使同学们了解和掌握大学生职业生涯规划的依据、内容、方法,能制订出适合自身特点的职业生涯规划,我们在这里通过案例的形式向同学们介绍如何制订自己的职业生涯规划书。下面几个例子仅供参考。

一、规划就业的案例

(一)自我认知

- 1.生理我

我是男生,身高1.78米,体重68公斤,五官端正,视力良好,身体健康。

- 2.心理我

由于家庭环境的影响,我自认字起便喜欢读书,即使有很多字不认知,也会看得津津有味。所以直到现在读书仍然是我最大的爱好,没有别的事情可以取代它的地位。我读书的范围比较广泛,不会拘泥于一个或几个固定的范围,每个范围领域我都会涉猎。但遗憾的是,我虽然看过很多书,但仿佛到现在能记得的不太多,掌握的知识也是一知半解不透彻,每次提笔想运用看过的东西,会感觉无法很好地驾驭,可能以后还需要加强读书能力的锻炼。

我的性格很复杂,具有综合性,内向和外向兼备,但仿佛是外向稍占上风。比较开朗活泼,擅长与人交往。喜欢结交新朋友,而且一旦与人建立朋友关系,便会用心去经营友谊,所以在朋友中有着较好的评价。

我一直都不甘于落后,有较强的上进心,不甘心屈居人后,一旦落后便会奋起直追。高中以前一直对一切都看得很重要,不允许自己在任何方面做得不好,而且非常重视别人对我的评价。高中之后我渐渐明白了,山外有山,人外有人,随着接触到的人越来越多,我也发现了自己越来越多的弱项,有好多是无法和其他同学所比较的。于是,从那时候起,我就开始渐渐改变自己,不再要求自己在各个方面必须做得优秀,因为人都不是全能的。

这种观点或使我的生活不会再像以前那样累,也使我开始能正确认识自己,正确面对现实。我应对挫折的能力也因此而增强,懂得了微笑面对生活而不应该斤斤计较一些不开心或是失败的事。遇到高兴的事情喜欢与朋友分享,但是遇上悲伤的事情便会自己一个人独自哀叹而不愿将其倾诉,因为我认为悲伤不应该属于朋友。

- 3.社会我

我是一个满腔热血的爱国青年,在国家需要的时候,我会义不容辞地上前。在汶川地震时,我就曾经作为志愿者第一时间赶赴现场,参与救助。

作为一名大学生,我也非常关心时代的发展,关注国家的发展政策,善于分析,在社会大背景下寻找适合自己的发展机遇。

- 4.道德我

我是一个品行良好的学生,喜欢伸张正义。我会认真对待每一次的考试,从不作弊,在各种"诱惑"面前,我始终坚守我的道德准则。

- 5.家庭我

我家的经济条件很一般,为了让我享受到良好的教育,父母一直生活非常节俭。为了报答父母,我需要尽快独立,在经济上减轻父母的压力,作为家庭中的重要一员,要努力承担自己的责任,不辜负父母对我的期望。

- 6.优势我

我喜欢博览群书,知识面较广,喜欢关注热点事件,善于发现焦点问题,并有良好的写作能力。

(二)环境认知

- 1.家庭环境

我的父母都是普通的劳动工人,我的亲友也都是普通的老百姓。我的父母无论对待工作还是生活,都非常积极乐观,勤勤恳恳,顽强进取,他们的这种精神一直鼓舞着我积极向上。父亲豁达开朗,喜欢读书看报。他教会了我不怕困难,让我成为了坚强勇敢的男子汉,并养成了良好的阅读习惯。母亲勤俭持家,让我从小就养成了节俭的习惯,培养了理财的意识。我生活在一个融洽的大家庭里,整个家族中的人都和睦相处,让我懂得了爱和感恩。在未来的发展方面需要靠我自己努力拼搏,自食其力,回报家庭。

- 2.校园环境

学校配套设施非常完善,有各种方便我们学习和生活的公共场所。图书馆的藏书足够满足我强烈的求知欲。同学们虽然来自五湖四海,但是大家的关系很融洽,有很多学长和老乡,他们对自己也有很多帮助。

- 3.所在城市的环境

学校所在的是一个快速发展中的二线城市,有很多社会实践的机会。这是一座历史文化古城,有浓厚的人文气息。城市在大力发展旅游业和服务业。

- 4.专业背景

我学的是新闻学专业,所学的主干课程有:中国新闻事业史、外国新闻事业史、新闻理论、大众传播学概论、新闻采访与写作、新闻编辑学、新闻评论学、新闻摄影等。本专业旨在培养德才兼备,掌握当代新闻理念、职业素养和传播技能的高层次新闻专门人才。

虽然我校的新闻传播学专业并不是国内最领先的,但是我校拥有本专业的国内优秀教师和学术带头人。

- 5.职业背景

与新闻学专业相对应的职业:在新闻媒体、新闻院校、新闻科研机构从事新闻采编、新闻教学与科研等工作;在党政机关、企事业单位及其他相关单位从事宣传、公关、文秘、管理等工作。

职业准入标准:①大学英语六级以上;②品行、相貌端正,有扎实的新闻理论功底、较宽的知识面,思维敏捷,文笔流畅,熟悉新闻采编业务;③具有良好的表达和沟通能力以及团队合作精神;④计算机操作熟练,会使用相关办公软件。

- 6.社会环境

21世纪,蓬勃发展的新闻事业给新闻传播学专业的学生提供了更广阔的发展平台,同时也提出了更高的要求。目前社会上假新闻和有偿新闻层出不穷,这些现象的出现在时刻警示着我:新闻传媒掌握着报道权、话语权、舆论监督权,有相当的权威性和广泛的影响力,从事这个职业要有渊博的知识和高尚的品格。

新闻作为社会的镜鉴,必须正确地描述这个社会,新闻工作者必须站在一些危险的现场,比如战争、自然灾害。新闻工作者必须告诉世界真相,新闻报道所选用的事实必须是准确、公正、平衡、全面的。当一些公正、全面的报道涉及某些人或集团的具体利益时,他们会竭尽所能地阻止其公之于众,这时,就要求新闻工作者敢于不畏危险地坚持忠于事实。

(三)自我优势

能结交各类朋友且会维持牢固的关系是我的一大优势,毕竟人脉关系在如今这个社会上还是有着举足轻重的作用的。还有,喜欢读书不断追求新奇事物和知识的思想会促使我不断地补充和提高自己,不断地丰富自己的内涵以更好地适应现代社会的需求。而且我的适应能力很强,不论在什么样的陌生环境,我都会在短时间内使自己适应那种环境。

(四)自我劣势

如同上面所述,自从高中开始懂得正确且现实地认识自己之后,我学到了很多,但也失去了很多很多……我在不断的怀疑中,不再相信自己有着能与别人竞争的能力,不敢再去与别人竞争,于是,我变得越来越低调,越来越沉默。渐渐地,我发现,在我持续的沉默中,我已经从高中之前那个各种活动的竞争者变成了一个沉默的看客,这是我自从上大学以来到现在一直想改变的弊端和缺点。

我是一个来自普通家庭的大学生,就业要靠自己的能力,而我缺乏社会实践经验,我需要在以后的实践活动中不断丰富自己的人脉关系。

(五)确定目标

- 1.目前存在的问题

新闻工作要求有快速的反应能力,不仅要有抢新闻的意识,在关键时候,听到一个新精神、一个新提法、一个新题目,就要马上在头脑中有所反应,有探索新闻的能力。新闻工作者的分辨能力渗透于新闻报道的各个环节,如选题、角度、主题等,要在瞬息万变的信息面前迅速识别哪个是新闻事件,从而在有限的时间内抓住新闻的本质。

除此之外,还要有一颗冷静而清醒的头脑、一腔充满正义的热血、一双敏锐而深邃的透视眼、一副善听八方的顺风耳、一张能说会道的巧嘴巴,总之就是要求新闻记者有较高的综合素质,各方面都要有很好的技能和技巧。

我虽然有顽强的精神和坚强的毅力,但是我的自信心一直不足。我的综合素质距离职业要求还有一段的差距,专业知识和职业素养有待于提高。

- 2.确定目标

由于我的家庭经济状况一般,我决定毕业后立即就业。

虽然说当初填报志愿时,新闻学专业不是我自己的选择,但是在我对专业有了深入的认知之后,我发现自己对这个专业很感兴趣。通过以上的分析,我的个人优势在很多方面都很符合本专业所对应的未来职业的需求,所以我对自己未来的职业选择定位为新闻媒介从业人员、记者、编辑或是其他从事新闻媒介工作的职位。

我渴望一种比较多彩的生活,渴望能用自己的笔和思维来揭示一些很多普通人无法知道的问题,并可以伸张正义,这对一直追求新奇的我来说是一种诱惑。而且,如今的新闻媒介的工资水平与其他行业比起来也是很不错的,这符合我的需求和父母的愿望。这也是我选择新闻媒介的重要原因。

(六)制订规划

我不会再如同新生期的时候一样迷茫,让没有目标的日子随新生期而逝去。我首先要努力地学好专业知识,打好牢固的基础,充实地度过每一天。每一天不需要有惊天动地的成绩,但是必须要比昨天有进步和收获。设定清晰且现实的年、月、周、日的行动目标,每天为之而努力。

- **1.大一、大二的规划**

　　(1)学业规划:在学习专业课的同时,多读有关本专业的书籍,以补充课上知识的不足,扩展自己的视野。通过相关的网站和杂志,获取更多的专业信息。每天认真做好预习和复习工作,有序地安排每日的学习内容。

　　在学习专业知识的同时,还要加倍努力学习英语。每天为自己制订英语学习计划,保证单词量,每天练习听力,以弥补听力之不足。每天早上去操场大声朗读英语,以提高自己的英语发音和听力。在平时寻找英语角等各种机会加强口语的练习,不再因为张嘴却吐不出英语句子而苦恼,为自己日后的职业发展奠定坚实的基础。

　　从事新闻工作要接触的人很多,用英语的场合也非常多,所以在大学期间要拿到职业所需的英语等级考试证书。计划在大一的时候通过英语四级考试,在大二的时候通过英语六级的考试。

　　新闻媒介工作要求有清晰的口齿表达能力和计算机应用能力,在大二要拿到普通话的等级证和计算机二级的证书。为了做好更充分就业的准备,我计划在大二的下学期考取记者证。

　　(2)成长规划:在大一、大二阶段要养成良好的生活习惯,培养健康的兴趣和良好的心态,树立正确的恋爱观,学会自我管理(时间管理和财务管理),培养良好的思维方式,培养科学的世界观,放飞梦想并学会明势。做好自己的个人生活成长规划,全面提高自身的素质。

　　(3)实践规划:加强实践能力的锻炼。积极参加各种社团组织和社会实践活动,在实践中锻炼自己的组织能力和表达能力。在闲暇的时间,自己找机会去一家新闻媒介进行职业体验,寻找自己的生涯人物,在适当时候做几个生涯人物访谈,以深入了解未来工作的能力需求和工作流程。

- **2.大三阶段及以后的规划**

　　(1)学业规划:我认为现今的社会大专学历虽然不够用,但我必须面对的是就业的压力,这是一条无法逃避的道路。所以我大三以后除了做好毕业论文和毕业考试的准备外,要将精力放在就业的准备上,进一步提升就业能力和职业素养,以便于更好地开始自己的职业生涯。

(2)成长规划：在个人成长规划方面，要学会辩证地看社会，学会专职性地思维，努力向职业人和社会人的角色转变，进一步加强自己的时间管理和财务管理，构建自己的职业人脉圈，谨慎选择恋爱对象。

(3)实践规划：争取参加几次全国的大型专业会议，选择几家市级报社、市级电台或其他正规的新闻单位去实习，增强自己的实际工作能力。准备好自己的求职信和求职简历，多方面多渠道地去搜集就业信息，最终找到适合自己并能发挥个人能力的工作。

以上是我在大学期间的生涯规划，我认为想通过这样的计划达到一个非常成功的境界是不容易的。但计划的目的是为了使我自己每天都有事情去完成，每天都会有新的收获和发现，每天都会有比前一天更大的进步。抓住每一天，充实度过每一天。我要抓住梦的翅膀，让梦想启航！

二、规划考专升本的案例

(一)自我认知

- 1.生理我

我是女生，身高1.60米，体重48公斤，五官端正，身体健康。

- 2.心理我

(1)兴趣：我喜欢中西古典音乐、古代军事书籍及诗词；喜欢参与团队意识较强的活动，比如拔河和打篮球；喜欢摄影，对经济事件较为敏感。

(2)性格：我能够很好地集中精力，关注焦点；有强烈的工作热情，认真负责，工作努力；有良好的协作技巧，能和别人建立起和谐友好的关系；讲究实际的工作态度，办事方法现实可行；十分关注细节，能够准确地把握事实；乐于助人，喜欢给同学及其他人提供支持和帮助；性格较保守，传统意识较强，能够连续地工作，有耐性与韧性；有较强的责任意识；能够得到别人的信任，承诺的事一定会努力去实现；尊重别人的地位和能力；通情达理，看问题现实、理智、客观、公正，认为圆通比坦率更重要；有雄心和志向，有魄力；不轻易言败，对生活充满信心。

(3)能力:从小学到大学,一直担任学生干部工作,具备了一定的组织管理能力、处事能力和交际能力。自控能力和适应能力较强。对数学比较感兴趣,有较好的思辨能力。但是,语言表达能力较为欠缺,还有待提高。另外,实践操作能力弱,今后要加强这方面的训练。

(4)价值观:必先给予才会得到;己所不欲,勿施于人;与人方便,自己方便;人,应该有一种信仰去支配自身的活动。

- 3.社会我

我一直有强烈的社会责任感,一直想成为像研制"两弹一星"的老一辈知识分子那样有社会担当的人物。

我一直关注社会大环境的发展,在大背景下寻找适合自己发展的机遇。

- 4.道德我

"做事先做人"是我为人处世和工作生活中的一条金科玉律。我一直注重修炼内功,提高自己的品德修养。

我非常崇拜那些职业道德高尚的人。医生有良好的医德才能为病人做好诊治,老师有良好的师德才能培养出好的学生。我最痛恨那种缺乏职业道德,渎职舞弊的人。

- 5.家庭我

我生活在经济条件良好的家庭里,我家有殷实的经济基础,有较高的生活品质。我毕业后并不需要急于工作,家庭有足够的能力保证我继续深造。

- 6.优势我

兴趣广泛,思维敏捷,有很好的逻辑思维。

(二)环境认知

- 1.家庭环境

我的父母都是科研工作者,他们严谨的工作态度、对科研工作的专注和执著深深影响着我。我的家族中也有众多的科技工作者,我从小就成长在这样一个学术氛围比较浓厚的大家庭中,从小就很喜欢科学探索。我一直希望自己能在某个领域有自己独到的成果。

- 2.校园环境

我的学校是一所国家重点院校,有很好的校园配套设施,有很好的实验室和资料室,方便学习和查找各种资料。我们学校虽然是重点高校,但是我所学的材料专业并不是本校的优势专业。可喜的是,学校正在大力发展材料专业,院方为我们配备了材料领域的权威专家团队作为我们的专业课老师。而且,父亲的同学是我校材料专业的专家级教授。

学校本身给我们提供的很好的硬件设施和软件条件,使我们能够有机会参与一些课题研究,学以致用,也可以积累更多的实践经验,同时有很多的机会与行业内人士接触、交流、学习,提高自身素质。

- 3.所在城市环境

学校所在的城市是个一线城市。城市的产业结构定位为:走新型工业化道路,加快形成以高新技术产业和现代制造业为主体,以优化改造后的传统优势产业为基础,以都市型工业为重要补充的新型工业结构。

- 4.专业背景

材料科学与工程专业的主干课程有:无机化学、有机化学、物理化学、材料物理性能、材料工程基础、工程材料力学性能、电化学、物理冶金原理、现代材料研究方法、高分子物理、高分子化学等。

材料科学与工程专业培养具备包括金属材料、无机非金属材料、高分子材料等材料领域的科学与工程方面较宽的基础知识,能在各种材料的制备、加工成型、材料结构与性能等领域从事科学研究与教学、技术开发、工艺和设备设计、技术改造及经营管理等方面工作的工程技术型人才。

- 5.职业背景

就业方向:各类企业的研发与生产部门,例如联想、三星、保洁、海尔、长虹等国内外企业,可以说无论是IT类企业,还是日用化工类企业,还是机械加工类企业,都需要材料及相关工程方面的人才;材料相关领域的贸易行业,例如专业从事钢材、塑料、树脂、橡胶及相关制品贸易的企业,都需要有材料专业基础的人才参与销售及采购环节,尤其需要具有全面材料学基础的人才。

相关职业的准入标准:①掌握材料学的专业基础知识;②掌握材料性能检测和产品质量控制的基本知识,具有开发新工艺的初步能力;③具备本专业必需的机械设计、电工与电子技术、计算机应用的基本知识和技能;④具备相关的技术经济管理知识;⑤掌握文献检索、资料查询的基本方法,具有初步的实际工作能力。

- **6.社会环境**

　　材料行业的快速发展以及国家支柱产业发展的需要使得材料类技术人才需求量较大。而且,材料学专业目前来看还属于热门专业,具有较好的市场前景;就外部环境来说,中国面临的国际化形势给个人也提供了更多的机会,可以在更宽广的舞台展现个人优势。

(三)自我优势

　　我的优势:①生活态度比较积极,善于发现事物和环境积极的一面;②喜欢思考问题,有一定的分析能力,并有寻根究底的习惯,一定要将事情想清楚;③有责任心、爱心,并且喜欢做相关的工作;④做事比较认真、踏实,有浓厚的学习兴趣和一定的实力,心思细腻,考虑问题比较细致;⑤逻辑性和条理性较好,有一定的书面表达能力;⑥有专业内的人脉资源。

(四)自我劣势

　　我的劣势:①竞争意识不强,对环境资源的利用不够主动,也就是与环境的交互能力不够;②语言表达有时过于繁琐,不够简洁;③过度重视细节往往会使自己陷入繁琐的日常事务中,造成压力过大,劳累过度,甚至是情绪紧张;④工作、学习有些保守,冒险精神不够,创新能力有待提高;⑤有时容易忽视事情的全局和发展变化趋势;⑥缺乏动手能力和社会实践能力。

(五)确定目标

- **1.目前存在的问题**

　　综合以上分析,我在毕业时面临的问题主要有:①由于热门专业的原因,毕业生较多,就业面临很大的压力;②在理论方面,由于专业知识学习较浅,还没有达到一定广度和深度;③在实践方面,只是参加了一些讲座和课程培训,还处于初级阶段,并没有真正参与与目标有关的实践活动;④社会的发展带来对人才素质要求的逐步提高,所以必须要具备较高的素养才能符合社会的需要。

- **2.确定目标**

　　综合以上的分析,我决定毕业后选择升学,考取专升本。

(六)制订规划

- **1.大一、大二的规划**

　　(1)学业规划:大一,加强高数、英语等公共基础课的学习,为考专升本打下基础。

大二，首先要加强本专业的学习，最应当注意的就是与以后目标直接相关的专业知识，争取拿到奖学金。其次，提高英语的实际交流能力，尤其是口语能力，争取在大二结业时考到英语四级证书。在选修课方面，有目的有针对性地选择一些交际和创业方面的课程。在公文写作方面，尤其在学术论文的写作上，多向老师和学长请教。此外，在时间和精力允许的条件下，拿到计算机二级证书。

专业课程方面，在大一、大二学习专业基础平台课程，包括无机化学、有机化学、物理化学、分析化学、材料科学与工程概论等。这几门与化学相关的课程是研究材料性能的基础，是材料学的基石。化学知识是制造合成材料的基础，将来搞材料方面的研发也好，生产也好，在了解其是"怎么来的"这一基础上我们才能进行进一步的改性、深加工、塑形、精制等工作。

（2）成长规划：在大一、大二阶段要养成良好的生活习惯，培养健康的兴趣和良好的心态，树立正确的恋爱观，学会自我管理（时间管理和财务管理），培养良好的思维方式，培养科学的世界观，放飞梦想并学会明势。做好自己的个人生活成长规划，全面提高自身的素质。

拥有良好的心态，就是成功了一半，我已经从高考的艰苦生活中走出来了，准备考专升本的生活虽然与那时候类似，但是相对要轻松些，只要自己不想太多，只要自己不断努力，每天都进步就行了。关键是自己要有持之以恒，坚持到底的精神。

信心是成功的基础。这个阶段我要注意培养自己的自信心，我相信自己有能力考取专升本。

耐心和毅力是成功的关键。要考专升本，需要自己耐得住寂寞和孤独，例如夏天，别人都回家过暑假休息，天气很热，而自己还要在学校学习，上辅导班。但是只要坚持下来，就一定能成功。

（3）实践规划：在寒暑假，参加几次学校的社会实践活动，争取参加一次志愿者活动；把自己的父母作为生涯人物，做个生涯人物访谈；到父母的单位参加一次职业体验活动。在学校活动方面，能够参加的尽量参加，多认识一些朋友。并且参加一些社会兼职工作，增强对职场的适应能力。

- 2.大三的规划

（1）学业规划：大三阶段的学业规划：①根据自己的情况和实力，选择考取专升本的学校和报考的专业；②制订考试复习计划，购买复习资料，报名参加考试复习班，加强真题练习；③准备毕业论文，做好毕业的准备。

(2)成长规划:调整好心态,安排好复习与休息的时间关系;了解国家对于专升本考生的一些政策变化。

(3)实践规划:考试结束后,参加一些专业的学术会议,参加几次招聘会,以便于更深入地了解未来社会对于本专业的具体需求。参加一些社会实践活动,锻炼自己的社会适应能力。

常言道"凡事预则立,不预则废",我相信一份好的大学生活规划会使大学生活精彩纷呈,同样一份好的职业生涯与发展规划,会使人生不虚此行!做人最大的乐趣在于通过奋斗去获得我们想要的东西,有缺点意味着我们可以进一步完美,有匮乏之处意味着我们可以进一步努力。温总理说,信心比黄金和货币更重要,只有信心才能产生勇气和力量,只有勇气和力量才能战胜困难,所以我会坚定信心为未来而打拼!

三、规划考公务员的案例

(一)自我认知

- 1.生理我

我是男生,身高1.75米,体重65公斤,五官端正,视力良好,身体健康。

- 2.心理我

(1)兴趣:我的兴趣爱好比广泛。我喜欢看小说、爬山、打球、旅游、唱歌、跳舞,还喜欢演奏箫笛等乐器。

(2)性格:我觉得我的性格不算太活泼,也不算太内向。由于我来自偏远山区,经历过一些困难,所以遇事能够沉着冷静,与人相处也很融洽。虽然我很要强,很好胜,但能够很好地面对成功和失败,也能很好地对待周围的人。但有时发现自己在某些事上原则性比较强,有点以自我为中心。

(3)能力:我从小就一直担任学生干部,有较强的组织能力和感召力。有很强的空间感,识图能力强。我从小就有较强的驾驭语言的能力,我能很自信地在大庭广众之下演讲,但是我的文字表达能力还有待提高。

(4)价值观：我从小接受现代科学教育，接受马列主义的教育，是无神论者和唯物主义者。在我看来，能够帮助他人，帮助集体，帮助社会，奉献自己的微薄之力是我最大的心愿。当社会利益或集体利益与个人利益发生矛盾时，我会把自己的个人利益放在最后。

- 3.社会我

我是来自偏远山区的大学生，我深感到我国的经济发展水平还很不平衡，还有许多贫困地区和艰苦行业。在西部地区有着广阔的就业空间，尤其是山村地区还需要大批的专业人才，光辉的事业在等待我们去开拓振兴。伟大的时代在呼唤青年人艰苦创业，这是我们当代大学生的历史责任和理性选择。为了建设我的家乡，我励志努力掌握科学文化知识和各种专业技能，努力提高自身的综合素质，使自己成为一个有本领、有责任、有实干精神的人。

- 4.道德我

我一直是个品行良好的人，尊老爱幼，与邻里和睦相处，是大家眼中的好孩子。当今社会充满了诱惑，在各种利益面前，违反道德准则的事件屡见不鲜，我一直痛斥这样的事件。无论面对何种诱惑，我都会坚持我的道德标准，做一个有良好道德品质的公民。

- 5.家庭我

我的家庭条件并不好，父母靠自己勤劳的双手来供我读大学。我需要尽快丰满自己的羽翼，回报自己的父母，让他们不再操劳，享受幸福的晚年。

- 6.优势我

政治敏感度较高，在这方面有独特的兴趣和爱好。有较强的组织能力和领导能力。

(二)环境认知

- 1.家庭环境

我家是典型的三代同堂的家庭。上有爷爷、父母，还有哥哥，虽然家庭经济条件不好，但是个充满爱、充满幸福的家。父母亲都是普通农民，亲戚朋友中除一两个在当地特别显赫外，大多是普通的工作人员。总体上，社会资源很有限。

- 2.校园环境

学校配套设施非常完善，有各种方便我们学习和生活的公共场所。实验室条件也很好，图书馆的专业技术图书也很丰富。同学们虽然来自五湖四海，但是大家的关系很融洽，有很多学长和老乡对我也是很帮助的。

- **3. 所在城市的环境**

    学校所在的城市为发展中的沿海城市,科教、文化、卫生事业都得到了全面快速的发展。在这个城市有很多机会,也到处充满了诱惑。

- **4. 专业背景**

    应用数学专业培养掌握数学科学的基本理论与基本方法,具备运用数学知识、使用计算机解决实际问题的能力,受到科学研究的初步训练,能在科技、教育和经济部门从事研究、教学工作或在生产经营及管理部门从事实际应用、开发研究和管理工作的高级专门人才。

    本专业的主干课程有:分析学、代数学、几何学、概率论、物理学、数学模型、数学实验、计算机基础、数值方法、数学史等,以及根据应用方向选择的基本课程。

    本专业在学校是个开设时间只有几年的新专业。

- **5. 职业背景**

    与应用数学所对应的职业:科技、教育、金融和保险等部门从事研究、教学、应用开发和管理工作。优秀毕业生在大型城市的银行、证券、统计行业、学校、政府部门等行业发展。

    职业准入标准:①具有扎实的数学基础,受到比较严格的科学思维训练,初步掌握数学科学的思想方法;②具有应用数学知识去解决实际问题,特别是建立数学模型的初步能力;③熟练使用计算机(包括常用语言、工具及一些数学软件),具有编写简单应用程序的能力;④了解国家科学技术等有关的政策和法规;⑤了解数学科学的某些新发展和应用前景;⑥较强的语言表达能力,掌握资料查询、文献检索及运用现代信息技术获取相关信息的基本方法,具有一定的科学研究和教学能力。

- **6. 社会环境**

    在日常生活中,从天气预报到股票涨落,到处充斥着数学的描述和分析方法。北京有一项调查显示:北京市需求毕业生人数最多的十大专业中,数学与应用数学专业需求量位居前列。分析上述资料不难看出,数学人才的需求量较大,就业前景看好。而且可以预见,随着经济和社会的发展,市场对数学与应用数学专业人才的需求将会越来越多,其就业前景比较广阔。

(三)自我优势

从小学到大学,在读书的人很少的家乡,我从没有摆过读书人的架子。没文化的人能干的农活我基本都能干好,读书人能干的我也能干好。自认为自己对生活充满热情,有很强的进取心,意志坚强。能够调节父母之间的矛盾,使自己生活在温馨、和谐、幸福的家庭里。

我有较好的观察力，意志坚强，自我调节能力强，领悟力、学习接受能力较强。自认为有一定的组织管理能力，有强烈的责任感，勇于担当。比较注重全局，学习能力也很不错。

(四)自我劣势

有些时候比较固执、太自信，行事谨慎，不喜欢冒险，不愿意也不敢承担风险。没有强有力的家庭条件做背景，没有雄厚的人脉关系和经济基础，凡事都要靠自己奋斗。

(五)确定目标

我一直将大学毕业后回报社会，建设自己的家乡为自己的使命。综合以上分析，我将大学毕业后考家乡的公务员作为我的第一目标。

我把公务员作为首要职业选项有以下方面的原因：

从自身分析，受传统思想影响较大。从上大学生职业生涯规划第一节课，我就思考一直促使自己读书这么长时间(相对于家乡的同伴)的主要动力，发现自己从小受到的教育都是"好好读书，考大学，将来回来建设家乡"。在家乡，读书就意味着考公务员，而自己也在不知不觉中把公务员当作了奋斗的目标。即使自己没有发觉，这个潜在的目标还是比较牢固的。所以从自身考虑，将一直使自己奋斗的公务员目标选为首要的职业选项是正确的。这也是我学的是应用数学专业，却选公务员为职业目标的主要原因。

从与家乡的关系分析，自感有一种使命感。我是经历了各种困难，在各位父老乡亲的帮助下才来到大学的。而他们的意愿是公务员。公务员，就是"官"的代名词，是家人、村里的人都想让我得到的。他们希望我能为家乡做点事，我也有为国家、为家乡做贡献的冲动。这成为一种无形的"使命"。

从公务员的待遇及自己的能力分析，可以选择。单从待遇方面看，公务员的待遇也还可以，也比较稳定。况且自己从小担任班委，有比较强的组织管理能力。虽然来到大学后，组织能力方面不是很突出，但自认为还是有一定的能力的，有发展空间。

从其他特殊的情况看，我所属的民族是中国56个民族中的少数民族之一，正缺少数民族干部。这一特殊情况对我也比较有利，我会根据自身的能力等条件，选择考取哪个职位的地方公务员。

(六)制订规划

我的综合素质有待加强，这对一个人的发展影响很大。我现在的组织管理能力很有限，语言理解与表达能力、提取概括能力、逻辑分析能力、解决问题的能力等都有待提高。

我以后的职业选择主要就放在公务员上,我的行动计划主要也是培养自己的通用技能。不管今后考公务员,还是找其他工作,我相信有能力的人总能找到工作。

- 1.大一、大二的规划

(1)学业规划:要学好专业基础知识。学好本专业是毕业的前提条件,也是今后学习、工作所需要的。如果我有很好的数学基础的话,我会在以后的学习、工作、研究中感受到数学给我带来的数不尽的好处。很多经济学家、天文学家,物理学家首先是数学家,这是必然的,任何一个学科在高层次的较量就是数学的较量。在国内外科研人员、国家领导人中,有很多都是学数学的。并且,该专业也要学很多计算机课程,掌握计算机技术对以后就业是很有帮助的。计算机技能是今后工作中的通用技能,因此我要在大二下学期考计算机四级。

要学好英语。英语过级不仅是毕业的必备条件,而且也是社会的要求。学好一门外语对今后的工作、学习都是很有帮助的。这样也符合 T 字形人才的要求。我的英语基础并不好,但我还是在坚持每天记十个单词,练听力,读英语文章。打算在大二上学期通过英语四级。

在大一、大二期间选修经济、管理方面的课程。除了选修有关课程外,我也要多读经济管理方面的书,提高自己的口语表达能力和书面写作能力。

(2)成长规划:在大一、大二阶段要养成良好的生活习惯,培养健康的兴趣和良好的心态,树立正确的恋爱观,学会自我管理(时间管理和财务管理),培养良好的思维方式,培养科学的世界观,放飞梦想并学会明势。做好自己的个人生活成长规划,全面提高自身的素质。

(3)实践规划:我在小学、中学都当过班委,本以为自己的组织能力还可以。刚入学时,我竞选班委没成功,才发现自己在表达、组织等方面还很差。但我并没有因此而堕落,我利用在学院办公室勤工俭学的机会锻炼自己,并参加"关注三农协会"。

寻找一些在校外当家教的兼职,这样既能锻炼表达能力,也能解决生活费。再找一些促销或者到公司实习的活动并且尽量多地参加寒暑假的实践活动、志愿活动等。这样不仅能丰富自己的档案履历,而且更为重要的是丰富自己的社会实践经验,提高自己的组织管理能力。

- **2.大三的规划**

(1)学业规划:①准备毕业论文。②积极准备申论的写作练习,准备公务员考试。③关注公务员考试的相关政策,选择自己报考职位。④做好笔试和面试的各项准备。

(2)成长规划:调整好心态,安排好学习和实践的时间,做好从学生到社会人转换的准备。

(3)实践规划:考试结束后,参加一些社会学术会议和社会招聘会,参加一些社会实践活动,提高自己的职业适应能力。

除了上述计划外,我会不断关注社会就业情况,公务员考试录用条件及政策,有必要时调整行动计划。

四、规划留学的案例

(一)自我认知

- **1.生理我**

我是女生,身高1.65米,体重50公斤,五官端正,身体健康。

- **2.心理我**

(1)兴趣:我在业余时间喜欢听轻音乐,喜欢英语。在学习上,喜欢钻研探索,对科学实验有浓厚的兴趣。

(2)性格:我的性格有些内向,但有时开朗、活泼。我很积极向上,是乐观主义者,遇事都会从其好的一面观察,每天都会以笑脸示人。我对事情抱有积极乐观的态度(当然,这或许与我没经历过多少挫折有关吧)。我对挫折的承受力较差,对于成败看得很重,但大多数时候只是自己心里暗暗较劲。任何事情,只要我决定去做,就一定会尽自己最大的努力。

(3)能力:我有比较强的英语口语能力,但我不太喜欢喧闹的场面。语言表达能力一般,不善于人际交往,在这方面对自己很缺乏自信。喜欢随遇而安,不喜欢领导和强迫他人做事。

(4)价值观:我没有什么特殊的宗教信仰,是无神论者,坚信唯物主义、马克思主义哲学价值观。我坚信善有善报,恶有恶报。不管别人如何,只是做自己觉得好的事情,喜欢帮助别人,乐在其中。己所不欲勿施于人,己所不乐勿加于人。待人真诚,很体贴别人,喜欢帮助别人。有时会发小孩子脾气。

- 3.社会我

我是个我行我素的人,比较专注于自己的兴趣,喜欢做自己喜欢的事情,不太喜欢参与社会活动,也不太关注国家大事。

- 4.道德我

我是一个心地善良、光明磊落的人。我会用严格的道德伦理标准约束自己的行为。

- 5.家庭我

我生长在一个幸福的家庭,父母用爱和包容浇灌我成长。在家庭中,我享有自由和民主的权利,有很多自由发挥的空间。这使我获得了足够的安全感和自信心,让我有勇气去坚强地面对所有的事情。我很感激父母一直以来给我的经济和精神上的巨大支持。

- 6.优势我

自己的学习态度认真,喜欢钻研,做事严谨。

(二)环境认知

- 1.家庭环境

我生长在一个幸福和睦的家庭,经济基础还算雄厚,父母和一些亲友都有一定的社会地位。总体来说,我有较好的家庭条件,有一定的家庭人脉资源。

- 2.校园环境

学校配套设施非常完善,有各种方便我们学习和生活的公共场所。同学们虽然来自五湖四海,但是大家的关系很融洽,有很多学长和老乡,对自己也是很有帮助的。有点遗憾的是,有关专业方面的硬件和软件配套都还在建设中。

- 3.所在城市的环境

学校所在的城市是个一线城市。城市的产业结构定位为:走新型工业化道路,加快形成以高新技术产业和现代制造业为主体,以优化改造后的传统优势产业为基础,以都市型工业为重要补充的新型工业结构。

- **4. 专业背景**

　　我学的是生物科学专业。本专业所学的主干课程有：计算机基础、分析化学、有机化学、生物化学、生物学、细胞生物学、遗传学、分子生物学、微生物学与发酵工程、免疫学技术、实验动物学、生物药物学、生物制品学及技术、蛋白组学及酶工程、基因工程原理、微生物实验技术、生物化学技术、生物技术实验、生物信息学。

　　这个专业是学校应时代需求而开设的，开设时间不长，与专业课相关的教学设施和师资都不够完善，但我们有业内权威的专业课老师。

- **5. 职业背景**

　　生物科学专业毕业生的专业对口率非常少（毕业去向主要为：任教、科研院所、生物方面的企业），原因在于研究类职位对本专业的专业素质的要求非常高（硕士或博士）。因此，除了继续深造以外，大专毕业生最好的出路则只有转往销售、管理或教育等方向。

　　制药、酿造、食品、农、林、牧、渔、环保、园林等行业，也和生物科学专业相对比较对口，但其中相关的每一个职位，都基本上有对应的专业存在。

　　职业要求：雄厚的知识储备、高超的实验技能，良好的与人交往、语言表达、写作以及待人接物能力、细致、沉稳的性格。

- **6. 社会环境**

　　21世纪是生物科学的世纪，社会对生物科学的依赖会越来越强烈，生物科学的发展已被许多国家摆在发展的最前沿，其发展前景广阔。生物技术行业具体到产业化还需要一段时间，而且我国的生物产业比国外要落后很多，不足以吸纳众多的毕业生。

　　因此，对于当初认为"21世纪是生物的世纪"而选择生物科学专业就读的大学生来说，三年大学生活后，面临的就业形势并不乐观。摆在我们面前的选择：若不想放弃专业，那就专升本，再考研或者出国深造；若想早点结束学业，那就只能在尽量争取生物技术研发职位的前提下，做好转行的准备。

（三）自我优势

　　我对专业知识和专业技能掌握较牢固，且对本专业知识的学习怀有极大的热情；性格属于稍偏内向的安静型，心思细腻，做事认真，考虑问题比较细致；有较强的逻辑思维能力和发现问题、分析问题和解决问题的能力；积极参加各种学术活动；生活态度比较积极，善于发现事物和环境积极的一面；待人真诚，有责任心、爱心，并且喜欢做相关的工作；善于短期规划，而且能很好地完成计划任务；喜欢能让自己静下心来的工作环境，能自己控制、安排的工作，不需要跟很多人打交道的工作；家庭条件优越。

(四)自我劣势

我的实验操作技能与专业所需水平还有差距;计算机操作水平不够高;竞争意识不强,对环境资源的利用不够主动,也就是与环境的交互能力不够;抗压能力不强;与人交谈时沟通表达不清楚、解释问题抓不住重点、谈吐条理不清;做事不够果断,尤其事前作决定的时候瞻前顾后,总是犹豫不决,没有很大的恒心;组织管理人员的能力和经验欠缺;不善于长期规划,制订的计划经常会被打破;不喜欢机械性重复的工作,也不喜欢没有计划没有收获的忙乱,不喜欢应酬和刻意的事情。

没有进入知名的大学读书(但我对自己目前就读的学校还算满意);生物科学类专业目前在我国发展不是很好,择业范围不广。

(五)确定目标

21世纪是生物科学的世纪,社会对生物科学的依赖会越来越强烈。生物科学的发展已被许多国家摆在发展的最前沿,其发展前景广阔。但我国的生物产业发展相对落后,国内高校毕业生择业竞争激烈,而当前生物技术的辉煌主要体现在尖端层面,所需要的人才也"尖端",所以我打算毕业后出国留学。

(六)制订规划

1.大一、大二的规划

(1)学业规划:学习生物科学专业基础知识及相应实验、实践技能,培养较强的逻辑思维能力。专业学习上要做到扎实、稳固,还要多接触一些专业方面的知识,了解国际上本专业最新动态,多做一些本专业的实践项目,如URTP、挑战杯科技学术作品大赛等。

在努力学习专业课的基础上,多抽出时间学习英语,听说读写齐头并进。每天练听力,尽量每周去某大学英语角练口语,每周写英语周记,每天读英语文章,做模拟题。大二寒假报名参加新东方雅思学习课程。大二上学期通过英语应用能力考试。

提高计算机操作水平,大二上学期通过计算机二级。

大学期间写作能力的提高也是重点。生物科学专业做完科研以后有时要发表论文,没有好的文笔自然无法把自己的科研成果公布于众。

关注国外(美国)一些生物方面很强的大学,看自己是否能达到他们给予奖学金的要求,并努力朝着那些方面发展。

(2)成长规划:多参加班级、院系、学校组织的活动,多与人接触交流,多发言,提高与人的交往能力,多积累经验,努力做到跟陌生的非同一个年龄层次的人能大方自然地交流。

提高自己语言表达能力以及与人交往能力,同时还要提高口语表达能力。

(3)实践规划:参加一个学校的社团,参与一次志愿者活动和其他一些社会实践活动,多做一些实验,争取参与一些老师的课题项目。

- 2.大三的规划

(1)学业规划:准备毕业。

试着做雅思模考,考雅思。

开始向国外一些目标大学教授写介绍信,主动联系他们,同时关注一下国内生物专业很棒的大学,联系一下国内知名教授。

向国外大学投介绍信、简历,看能否拿到奖学金,如果可以,着手办理签证。

(2)成长规划:在个人成长规划方面,要学会辩证地看社会,学会专职性的思维,努力向职业人和社会人的角色转变,进一步加强自己的时间管理和财务管理,构建自己的职业人脉圈,谨慎选择恋爱对象。

(3)实践规划:做好出国准备之后,找机会多参加一些专业的国际会议,多参加一些社会实践活动,锻炼自己的社会适应能力。

看完我的计划书,我理想的人生路径你也就知道了:出国读研,回国任教。或许你会问:"干吗非要出国留学?在国内深造不是一样的嘛!反正现代社会知识都是国际化的了,在国内照样能学到国外的知识。"其实21世纪是生物科学的世纪,然而多少年来,我们国家科学研究各个方面几乎都落后于其他国家,特别是美国,什么事情都是跟在人家后面跑。我希望自己能走出去多学一些先进的专业技术知识,为我们所用。

五、规划创业的案例

(一)自我认知

- 1. 生理我

  我是男生,身高1.81米,体重70公斤,五官端正,视力良好,身体健康。

- 2. 心理我

  我是一个做事认真,一丝不苟、兢兢业业的人。我积极向上,永不服输,性格刚强,充满斗志。我喜欢冒险,追求创新,不喜欢刻板。

- 3. 社会我

  我有良好的社会适应能力和社会活动能力,从上学起,就一直担任班长一职。在生活和学习中总能适时地抓住各种有利于自我发展的机会。

- 4. 道德我

  我做事喜欢坚持公平、正直的原则,做人大大方方,光明磊落,在同学和老师之间一直有良好的口碑。

- 5. 家庭我

  我的家庭条件一般,但父母一直很重视教育,对我坚持进行素质教育,培养了我广泛的兴趣爱好。他们教会了我自立和自强,让我懂得了感恩。

- 6. 优势我

  我的优势为:①想象力丰富;②具有较强的文案写作与设计能力;③有一定的美术功底;④具有一定的创新能力;⑤具有较好的人际交往能力;⑥善于发现问题,并找出问题存在的原因和提出解决问题的方法。⑦永不服输,永远向上的奋斗精神;⑧认真,敬业,对喜欢的事情;⑨我不是一个刻板的人,我喜欢冒险,追求创新。⑩做事果断。

(二)环境认知

- 1. 家庭环境

  我是独生子,我的父母和家族中亲友大多从事教育工作。我成长在一个重视家规的教育世家,家人的为人处世风格深深地影响着我,让我养成了做事有条不紊和细致严谨的习惯。我能沉着冷静地独自处理很多事情。在经济方面,父母可以为我提供适当的帮助。

- 2.校园环境

我的学校是一所专业的艺术院校。学校涵盖了艺术类别的几乎全部专业,为我们提供了多种资源共享和各专业间相互学习交流的机会。

- 3.学校所在的城市环境

学校所在的是一座美丽的发展中城市,城市的发展为艺术专业的学生提供了很多设计实践的机会。

- 4.专业背景

我学的是广告学专业。本专业的主干课程为:传播学概论、广告学概论、广告策划与创意、广告史、广告文案写作、广告经营与管理学、广告媒体研究、广告摄像与摄影、实用美术与广告设计、电脑图文设计等。

本专业学生主要学习马克思主义基本原理、广告学的基本理论与基本知识,受到广告策划、市场营销和实施能力等基本训练,掌握广告实施与经营管理的基本知识和技能。

- 5.职业背景

本专业培养具备广告学理论与技能、宽广的文化与科学知识,能在新闻媒介广告部门、广告公司、市场调查及信息咨询行业以及企事业单位从事广告经营管理、广告策划创意和设计制作、市场营销策划及市场调查分析工作的广告学高级专门人才。

与广告学相对应的职业:新闻媒介广告部门、广告公司、市场调查及信息咨询行业以及企事业单位从事广告经营管理、广告策划创意和设计制作、市场营销策划及市场调查分析工作。

职业准入标准:①掌握广告学基本理论、基本知识;②有现代广告的策划、创意、制作、发布的基本能力,以及市场调查与营销的基本知识和市场分析、数据处理的基本能力;③熟悉有关广告的政策法规;④有公共关系的基本知识与活动能力;⑤了解中国广告事业的现状与发展趋势,了解外国广告事业的发展动态。

- 6.社会环境

随着商品经济的发展,市场经济由"卖方市场"向"买方市场"的转化,市场竞争日趋激烈,争夺消费者和增加市场占有份额成为企业成功的关键。随着科学技术的进步,广告手段日益科学化和现代化,运用广告来开拓市场、争取消费者,成为企业开发市场、扩大商品销售的重要手段。由于广告活动的范围日益扩大,广告活动的形式日趋丰富多彩,广告业务不断增加,专业广告组织也开始出现,对广告理论和广告策略的研究也日益为人们所重视。为了加强对广告人才的专业化培养,加强对广告理论的研究,高等学府增设了广告专业或开设广告课程。广告理论研究的日益发展和广告工作的实际需要,逐渐使广告学成为一门正规的和独立的学科,从新闻学和商业经济学中分离出来。广告学是一门科学。广告学反映了广告活动的客观规律。符合客观规律就有科学性。所谓科学,是在社会历史发展过程中所积累起来的关于自然、社会和思维的各种知识的总和。科学的目的就是要揭示各种现象的客观规律和正确地解释各种现象;它的任务是透过偶然的、杂乱的现象去发掘和研究表面上看不出的规律,并以这些客观规律去指导实践。广告学虽是一门综合性边缘学科,但它基本上是属于社会科学领域里的经济学科,它揭示了广告促进商品生产的规律,人们只要依照这些规律进行广告活动,就必然会收到最大的经济效益和心理效果,否则就要失败。

(三)自我优势

专业广告专业属于文传学院的管理范畴,这使我有机会学习到多门广告课程,大大激发了我对广告行业的兴趣。我认识到广告的重要性,学习了有关广告的基本理论和广告文案写作的基本方法。可以说,我对广告行业充满了热忱与期待。

(四)自我劣势

缺乏扎实的专业基础知识,缺少客户资源,缺少社会人脉关系,没有社会实践经验。

(五)确定目标

综合以上分析,我准备以毕业后创业作为我的目标,凭借自己的能力创办一家广告公司。

(六)制订规划

- 1.大一、大二的规划

(1)学业规划:学好专业基础课,学好英语和计算机应用,学会熟练使用Photoshop、Illustrator、3dsmax等计算机设计软件。在大二上学期通过英语应用能力考试。

选修工商管理课程。

订一份专业报纸,了解时尚潮流,同时对报纸上的广告进行长期跟踪;撰写文章,为班刊、校报、校外期刊投稿,锻炼自己的文字写作能力。

(2)成长规划:学会时间管理和财务管理,形成科学的世界观,学会明势,在社会发展中寻找自己发展的机会,提高自己的综合素质。顺利完成从学生到社会人的转变。

(3)实践规划:参加学校的创业社团,参加大学生创业大赛,学习和积累创业经验;完成一份"观众印象最深"的广告问卷,根据问卷写一份调查报告;进入广告公司实习;假期从事促销的兼职,一方面适应社会,另一方面提高自己对商品亮点的把握能力和人际交往和沟通能力。

- 2.大三的规划

(1)学业规划:准备毕业论文,准备毕业;准备创业的相关材料,学习相关的法律法规;继续研究有关广告和企业管理的理论著作,认真地完成读书笔记。

(2)成长规划:积累客户资源,建立社会人脉关系。

(3)实践规划:进入知名的广告公司实习,一边学习业务知识,一边学习企业管理。

以上仅是我在大学期间的最基本的行动计划,我还会根据实际情况做出调整。我也深知开设公司不能与做一名广告策划等同起来,你可以是一名好策划,好设计师,但未必会是一名好的公司领导。对此,我的目标是,在毕业前首先进入一家广告公司,一边从事广告工作,一边学习企业管理。当我已经掌握相应的企业经营和管理能力,有一定的资金积累并具备其他创业的条件后,我会开设自己的公司,实现自己的创业理想。

【拓展练习】

1.你现在要解决的问题是什么?

你现在念_____年级,你现在面临的学业/就业问题是_____。

你觉得产生问题的内部原因和外部原因是_____

针对这个问题,你打算怎样解决。

老师、朋友或职业生涯顾问给你的建议是_____,

你的具体计划和保证措施是_____

2.你在大学时期要实现的愿望是什么?

在大学期间你要实现的三个目标是_____,

这三个目标的阶段性目标是_____。
为完成目标,需要提升的知识有_____,
需要提升的能力、技能有_____,
为实现阶段性目标而设计的可量化、可操作的计划有_____。

第五章
制订实施方案，评估修正

学习目标

1. 掌握制订职业生涯规划实施方案的方法。
2. 掌握职业生涯规划评估与修正的方法。
3. 制订自己完整的职业生涯规划书。

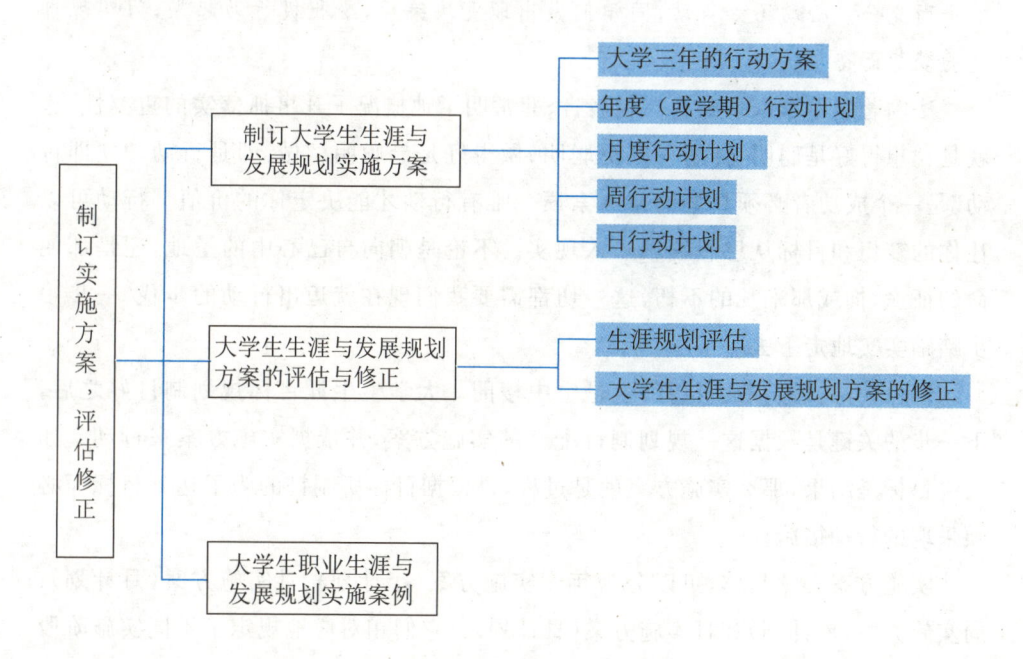

制订实施方案，评估修正
- 制订大学生生涯与发展规划实施方案
  - 大学三年的行动方案
  - 年度（或学期）行动计划
  - 月度行动计划
  - 周行动计划
  - 日行动计划
- 大学生生涯与发展规划方案的评估与修正
  - 生涯规划评估
  - 大学生生涯与发展规划方案的修正
- 大学生职业生涯与发展规划实施案例

> **案例**
>
> **为梦想行动**
>
> 新闻系的小沙很小的时候,看电视中的记者风风火火,总是非常羡慕。可以说,"记者"这两个字早就埋藏于她的心中。高考后,她选择了一所高校的新闻学专业。大学期间,她极尽所能寻找报社实习。在实习中,她既锻炼了新闻专业实践能力,同时,也认识到自己的不足。因此,在后期的学习中,更加努力储备专业知识,锻炼新闻实践能力。毕业后,她顺利进入了一家知名报社,实现了记者梦。

专家分析

小沙对职业从小就有朦胧的感知,在学习成长过程中不断探索验证自己的职业选择。她的职业决策科学合理,水到渠成。难能可贵的是,随着年龄的增长,她的职业目标越来越明晰,不断增加匹配职业目标的相关知识与实践经验,职业准备恰当而充分。心动不如行动,同学们做出职业决策后,要积极行动起来,为实现自己的梦想而奋斗。

法国著名军事家拿破仑有句名言,非常明了地概况了凡事抓落实的重要性,这就是:"想得好是聪明,计划得好更聪明,做得好是最聪明。"做,即是行动,"立即行动"是一个成功者必须具备的基本素质。唯有行动才能决定你的价值。行动可以让你的梦想和目标从思想领域步入现实。不论是朝向自己心中的圣地,还是那使命的征途,抑或那平凡的不朽,这一切都需要我们现在就迈出行动的步伐,一步一步踏踏实实地走下去。

再伟大的目标,不去执行,也是空中楼阁。大学生生涯目标规划制订好之后,下一步的关键是根据这一规划制订配套的实施方案,并依据实施方案来行动。如果说目标是结果,那么实施方案就是过程,是根据目标所制订的为了达到目标而必须采取的行动措施。

实施方案必须具体,可以分为年度实施方案(年计划)、月实施方案(月计划)、周实施方案(周计划)和日实施方案(日计划)。它们相对应地规定了不同实施阶段的行动计划:年度计划从宏观上规定你一年要做的事,所以可以以总体或每月要干什么来做计划;而月计划则应以每周要干什么来计划,四周完成则月度计划完成;周计划则以日为单位来计划,即每天要完成多少事;日计划则必须以小时来计划,从而指导自己一天之中,什么时间应该干什么。

在现实生活中,经常有人做事半途而废。究其原因,有很多是因为目标难度过大,觉得成功离自己很远,没有对目标进行阶段性分解并制订科学、可行的实施方案。因此,我们制订大学生涯目标实施方案时,应该把大学三年的最终目标,分解成一个个阶段性目标,相应地制订出一个个阶段性实施方案。这样的话,只要坚持实施这些阶段性方案,完成这些阶段性目标,自己大学三年的生涯目标就一定能实现。

在制订实施方案时,我们还必须了解的是:生涯规划是一个持续变化的动态过程,规划方案的超前性包含了方案实施过程中的诸多不确定因素。因此,我们在制订职业生涯规划的时候,手里同时要备好一块"橡皮",也就是说,必须要重视规划方案实施过程中的行动和结果反馈,如可能出现目标制订过高或过低的情况;或者实施方案与目标吻合度偏低;或者尽管方案与目标吻合,而自己在执行中不坚定、放松要求等,这些因素都有可能导致目标与结果之间出现差距。这时,我们就要对出现的差距进行分析,找出原因,重新调整自己的目标,或者修改自己的实施方案,或者改变自己执行不力的习惯。这些内容,将在本章的大学生生涯目标实施方案的反馈与修正中进行介绍。

第一节 制订大学生生涯与发展规划实施方案

进入大学校门,就如同站在了一条从未走过的路上,前方有多个出口,有不同路面,有上坡下坡。但无论我们选择哪个出口,都要详细地了解出路,制订科学的实施方案并坚决地执行下去。所谓"知易行难",在确定了职业生涯目标后,行动便成了关键的环节。没有达成目标的行动,目标就难以实现,也就谈不上事业的成功。制订行动计划应注意以下几个问题:为什么这个目标对我而言是最可能的?我将如何达成这一目标?我将分别在何时进行上述每一项计划?有哪些人将会或应该帮助我共同进行此项计划?目前对我而言还有哪些不能解决的问题?

与大学生生涯与发展规划相配套的具体行动计划,应与大学生涯的目标一致,如生涯目标有大学三年的去向目标,有在去向目标下制订的学业目标、生活成长目标和社会实践目标等内容目标,也有以年度、学期、月、周、日为规划单位的阶段性目标。根据这些目标,分别定出三年、两年、一年计划,一学期以及一月、一周、一日的计划。计划定好后,再从一日、一周、一月计划实行下去,直至实现自己的一年、两年、三年目标,让自己的大学生活始终处于"有目标、有方案"的"可控、可测、可调"状态下。

一、大学三年的行动方案

大学三年的整体规划是根据你的毕业去向这个总目标制订的行动方案,可以以年度为单位来制订行动计划。

比如我的毕业去向是大学毕业后出国留学,那我在学业上就要在高质量完成本专业要求的理论和实践课程基础上,特别加强留学要求的外语水平提升:第一年先完成大学四级英语考试;第二年开始,准备 GRE、TOEFL 或者雅思考试;第三年完成这些考试,具体联系相关学校……为了联系一个好学校,从第一学年开始,我就要努力学习以确保我的每门功课成绩都在 A 或 B+,我还要尽可能地参加社会实践和公益活动;要广泛汲取国外历史人文知识,了解国外的文化和风土人情;要锻炼和培养自己的交际和沟通能力……大学三年的行动方案见表 5-1。

表 5-1　大学三年的行动计划表

实施时间		学业方面		成长方面		实践方面	
		目标	方案	目标	方案	目标	方案
第一学年	上学期						
	下学期						
第二学年	上学期						
	下学期						
第三学年	上学期						
	下学期						

二、年度(或学期)行动计划

年度(或学期)计划是为了完成年度任务而制订的配套实施方案。比如我第一年要通过英语四级考试,那我每月要完成多少单词,或者在考前三个月内分配时间与规划学习进度,完成单词准备、语法提升以及阅读听说能力提高等,考前一个月做模拟考试和考试技巧的培训等。见表 5-2。

表 5-2　年度(或学期)行动计划表

实施时间	学业方面		成长方面		实践方面	
	目标	方案	目标	方案	目标	方案
1月						
2月						
3月						
4月						
5月						
6月						
7月						
8月						
9月						
10月						
11月						
12月						

三、月度行动计划

月度计划围绕月度目标来制订。它应以每周为单位来制订,如我计划本月完成 3000 个单词的学习,那前两周每周安排 1000 个单词的学习,后两周每周安排 500 个单词的学习等。这些计划都包括对要做的工作、应完成的任务、质和量方面的要求等。见表 5-3。

表 5-3　月度行动计划表

实施时间	学业方面		成长方面		实践方面	
	目标	方案	目标	方案	目标	方案
第1周						
第2周						
第3周						
第4周						

四、周行动计划

周计划围绕周目标来制订,但应以每天的行动方案为单位来制订。还是以英语学习为例,比如一周要完成1000个单词的学习,那我每天至少要完成150～200个单词的积累。见表5-4。

表5-4 一周行动计划表

实施时间	学业方面		成长方面		实践方面	
	目标	方案	目标	方案	目标	方案
星期一						
星期二						
星期三						
星期四						
星期五						
星期六						
星期日						

五、日行动计划

日计划是计划中最细小的单位。它围绕每天的目标来制订,一般计划到每小时的工作安排,非常具体。比如,我每天安排早上6:00～7:00、晚上9:00～10:00学习英语等。每天晚上进行当日总结和考虑明天的计划。但特别提醒的是,大学生同时也要给年轻的自己留出足够的休息和休闲时间。见表5-5。

表5-5 一日行动计划表

实施时间	学业方面		成长方面		实践方面	
	目标	方案	目标	方案	目标	方案
6:00～7:00						
7:00～8:00						
8:00～12:00						
12:00～14:00						
14:00～17:00						
17:00～18:00						
18:00～19:00						
19:00～21:00						
21:00～22:00						
22:00～6:00						

总之,有了科学合理的大学期间职业生涯规划和与之配套的实施方案,就必须根据该方案严格实行,才能使自己的生涯规划目标向着既定目标迈进。

在许多情况下,大学生活中可能出现许多意外或紧急的工作或事情,干扰你的计划,打乱你的安排,这时你就应该加倍地珍惜时间,把耽误的时间抢回来。同时,在制订具体方案时,要留有一定的机动时间处理这些特殊事件。为了保证自己的行动能与努力的目标一致,就需要最大限度地根据所确定的职业生涯发展规划,约束自己的行为。

这里提出几项措施,帮助大学生们更好地实施自己的大学生涯规划实施方案。

(1)保证经常回顾构想和行动规划,保持积极心态和主观努力方向。有些人有计划,但总是不将计划放在心上;只要有事做,就不知道自己努力的方向在哪里;缺乏时间观念,结果贻误职业生涯发展机会。

(2)如果自己的理想蓝图发生变化,职业生涯构想和行动规划也要做出相应的变动,从而目标和策略也应随之改变。计划需要和现实结合起来,实施动态管理,否则,缺乏灵活性,也会导致计划执行过于僵硬甚至最终落空。

(3)把学业构想和任务方案存入电脑文件或贴在床头等可经常看见的地方。为了避免自己忘记重要的学习目标和时间表,最好将这些内容放在自己经常能看得见的地方,如写在日历上,时刻提醒自己。

(4)当做出一个对学习和生活极其重要的决定时,请考虑一下职业生涯构想和行动规划,并确保正在仔细考虑的决策与自己的本意相符。有的情况下,可能有一些重要的诱因,能获得短期内的收获,但从长期考虑有损失。比如,很多大学生在对待毕业后是考研还是就业的问题上犹豫不决,这时就应拿出自己的规划表好好看一下,明确自己的本意和设想,这样可避免出现随大流的盲目行为。

(5)与亲朋好友讨论自己的职业生涯构想和行动方案,并询问实现该构想的途径。向亲朋公开自己的职业生涯规划,往往能督促自己行动。如果计划只是自己知道,往往容易在遇到困难时退步,而且心理上没有压力。反之,如果事先将自己的设想告诉家人和朋友,先征求别人的意见和建议,再采取行动,一方面可以集中集体的智慧,帮助自己设计最优的策略和方案;另一方面,可对自己进行约束,增加责任心及激励力量。

(6)保证至少每三个月检查一次自己的学习进度。过程监督十分重要,监督可以发现职业生涯规划中存在的问题,可以考察计划的落实情况,可以有针对性地提出解决方案。如果感到生活过于忙乱,那就意味着目标不合理,需要进行调整。适时适当地调高目标,可以使自己的目标难度更合理,使成就水平更高。如果感到自己的生活节奏很慢,效率很低,没有实现原职业生涯规划的目标,首先要考虑自己的动机水平是否足够高。

(7)要有毅力。在大学里,可能朋友交际会比较多些,有时很多人都在娱乐,自己也有兴趣参加。如果没有职业生涯规划观念和自觉性,通常会使计划流产,一旦开始的职业生涯落空,以后也容易放弃,这是同学们一定要注意的地方。

第二节 大学生生涯与发展规划实施方案的评估与修正

影响职业生涯规划的因素有很多,有的因素是可以预测的,而有的因素则是难以预测的。在此情况下,要使生涯实施方案行之有效,就需要不断地对职业生涯规划进行评估与修正。

一、生涯规划评估

生涯规划评估主要是对各阶段的预定目标和实际的结果之间的差距进行分析,找出差距产生的原因。任何一个行动计划在实施之后都可能出现这样几种情况:第一,目标基本完成;第二,目标轻松完成;第三,目标不能完成。基本完成说明目标设定合理、实施方案合适,行动适当。目标轻松完成说明目标设定太低。目标不能完成则可能有以下原因:目标设定太高;目标合适但与行动方案不吻合;目标和行动方案都配套,但执行不力。

(一)差距产生的原因

结果和目标出现差距的原因主要有以下几个:

- 1.目标定得过高或过低

(1)目标过高超过个人能力,再努力也没有用。这时要适当调低自己的目标,否则会伤害自己的自信心。

(2)目标过低自己不需要花费很大的精力就可以达成,这种目标也没有什么价值。这种情况你就要及时调高自己的预期目标,使自己的能力能够充分发挥出来。

- 2.目标合适而行动方案与之不配

当目标合适而行动方案与之不相配时,会导致目标无法实现。如大一的学业规划目标有考英语四级，但却在实施方案中没有安排足够的英语学习时间。

- 3.目标和行动方案都合适，但执行不力

比如，目标是考大学英语四级，实施方案中安排了英语学习的具体时间，但由于有其他许多事情耽误或挤占了英语学习，导致目标无法实现。这是执行过程中存在的问题。

(二)生涯规划评估的要点

一般来说，生涯规划的评估可以归结为自我素质和行为对现实环境的适应性判断，分析自己的现状，特别是针对变化的环境，找出偏差所在，并做出修正。

- 1.抓住最重要的内容

猎人如果同时瞄准几只兔子，那么他可能一只兔子也打不到。同样，在大学生的职业生涯规划的评估中也不必面面俱到，而是抓住一两个关键的目标和最主要的策略方案进行追踪。在大学生职业生涯的某一阶段，1~2年内，或者2~4年内，总有一个最重要的目标，其他目标都是指向这个核心的。你完全可以通过优先排序，重点评估那些可能达到这个核心目标的主要策略执行效果。

- 2.分离出最新的需求

针对变化了的内外环境，要善于发掘最新的趋势和影响。俗话说"跟上形势"，对于新的变化和需求，怎样的策略才是最有效而且最有新意的。大学生职业生涯规划过程中，要善于抓住外部环境的最新变化而做出适当的调整并采用相应的策略，使自己的职业规划不落伍。

- 3.找到突破方向

有时候，在某一点上取得突破性的进展将使整个局面发生意想不到的改变。想一想：你先前规划中的策略方案，哪一条对于目标的达成应该有突破性的影响？达到了吗？如何寻求新的突破？

- 4.突出"优势我"

看看目标设定时是否考虑了你的优势，或者，经过学习和培训你的优势是否更加突出。突出后则需要重新进行自我认知和职业定位。

> **小链接**
>
> **测测你工作效率的高低(仅供参考)**
>
> 周末了,你邀请三五好友来家里吃饭,最可能出以下哪种状况?
>
> A.忘记煮米饭,只好出去买面食。
>
> B.为了精益求精地做道你最拿手的菜,误了开饭时间。
>
> C.很快地烧煮一些做法简单的菜,以节省时间。
>
> D.胡萝卜用完了,让第一个到来的客人去买。
>
> 解释:
>
> 选A
>
> 迷糊型。从来搞不清做一件事要花多少时间,经常不能有始有终地完成计划。
>
> 温馨建议:买两本台历,一本用于工作,一本用于日常生活。放在显眼处,给每件事订个计划。
>
> 选B
>
> 完美主义者。追求尽善尽美,没有时间观念,把大量的时间花在细枝末节上。
>
> 温馨建议:按照每件事的重要程度来分配时间,这是你节省时间、提高工作效率的关键。
>
> 选C
>
> 把握时间型。你做得不错。
>
> 温馨建议:工作之余尽情放松自己,不要苛求别人同自己一样高效率。
>
> 选D
>
> 紧张刺激型。做事总是慌慌张张,丢三落四。
>
> 温馨建议:做每件事都比计划提前一点点开始行动,才能从容应对。

(三)生涯规划评估的方法

1.反馈法

许多高校建立了严格的学生活动情况登记制度:班级团支部定期填写活动记载本,团小组活动登记有团小组活动手册,团员个人参与活动登记有大学生素质拓展卡。如果没有活动登记制度,大学生本人可以自己建立自己的活动档案。活动记录本要从思想道德素质、智育素质、体育素质、文化素质和心理素质等方面来记录,形成一个综合素质评价值,并定期检查督促,及时反馈。这样可以使大学生知道自己的哪些能力需要发展提高,从而改进其学习、工作表现和行为。

- 2.分析、调查、总结法

　　每个月或每个学期结束后,要认真总结一下自己这段时间的收获有哪些,这些收获对到达最高目标有无帮助。

　　有的大学生把专升本当作自己近期最主要的目标;有的大学生想节省时间,学习第二专业成了他们的最好选择;有的大学生准备毕业后踏入社会,因此为了给自己积累资本,各种职业证书就成了他们要攻克的难关;还有的大学生选择加入学生会,并把学生会锻炼当作大学阶段必不可少的一门实践课。大学生可以根据自己的阶段成果获得情况,提供正确的信息反馈,发现合格的大学生标准和条件。

　　大学生生涯规划在每一个近期目标实现后,对下一步的主(客)观环境和条件要重新进行调查、分析,看看条件是否变化,哪些变好,哪些变坏,总体如何,要心中有数。然后,根据变化了的情况,恰如其分地修改下一步拟定的计划。

- 3.对比法

　　每个人有自己追求的方法,所以在职业生涯与发展规划时应多比、多思、多学,吸取别人科学的方法。对别人职业生涯与发展规划的分析,往往有助于自己对职业生涯与发展规划进行修改。

- 4.交流法

　　这种方式非常简单,就是大学生在日常学习、工作交流中互相提供反馈信息。大学生首先要把自己的职业生涯与发展规划、追求公告于知己学友,让他们关注自己,由老师或同学(朋友)对自己的缺点或错误提出意见;其次要虚心、主动、积极、经常地征求别人对自己计划的看法及修改意见,往往会受益匪浅的。

- 5.反思法

　　对职业生涯与发展规划实践的回顾,职业生涯与发展规划中计划的学习时间达到了没有,学习效率如何,学习有什么收获,还有哪些问题,方法上有何体会,等等。

- 6.评价法

　　全方位反馈,也称360度反馈。在360度评价法中,评价者不仅是被评价者的上级主管,还包括其他与之密切接触的人员,同时也包括自评。

　　大学生职业生涯与发展规划全方位反馈评价应包含学校领导、老师、学生和被评价者自身等主体。实施大学生职业生涯与发展规划全方位反馈评价要重点做好以下三个环节:

　　(1)做好同学间评价。同学间提供评价意见可以借助同学们的智慧与经验,让被评价的学生更清醒地认识到自身的优势和不足,明确努力方向。

　　(2)做深自我评价。自我评价更便于大学生进行自我反思,由被动接受评价转变为主动反省和总结学习工作的得失,同时可以要求大学生用学习成绩作为核心创新点,使大学生评估成为自我认识、自我改进、自我管理、自我完善的有效途径,使评价成为大学生专业发展的"助推器"。

(3)做实评价反馈。大学生全方位反馈评估最后能否改善职业生涯与发展规划状况,在很大程度上取决于评价结果的反馈。因而应通过选择合适的时间、地点和反馈途径,把综合各方面的评估信息经过实际分析反馈给自己,并帮助我们评价和调整职业生涯与发展规划的发展和行动计划,从而增强反馈的效能。

评估可以参照各类短期、中期预定目标和实际结果比照而行。一般来说,任何形式的评估都可以归结为自我素质和行为对现实环境的适应性判断,分析自己现状,特别是针对变化的环境,找出偏差所在,并做出修正。

二、大学生生涯与发展规划方案的修正

人生目标往往是基于特定社会环境和条件而制订或实现的,这样的环境和条件总是在变化的,即使确定的目标也应该随着内外各种环境和条件的变化及时进行修改和更新。对大学生来说,就业环境的不断变化,使我们必须不断修正和更新自己的职业生涯与发展规划。

在我们对生涯规划实施结果进行阶段性评估之后,就要根据评估的结果进行目标和实施方案的修正。职业生涯与发展规划修正的内容包括:职业目标的重新选择、职业生涯路线的重新设定、阶段目标的修正、实施措施与行动计划的变更,等等。

(一)生涯目标实施方案修正的目的

通过评估和修正,应该达到下列目的:
(1)决定放弃或者坚持自己的目标,并进行必要的调整;
(2)明确影响实施效果的关键因素,对实施方案的合理性加以认识;
(3)对需要改进之处制订调整计划,以确定修订后的实施方案能帮自己达成生涯目标。

(二)生涯目标实施方案修正的内容

以上问题的答案将作为修正原职业生涯与发展规划成为新的职业生涯与发展规划的参考依据,对职业生涯与发展规划进行修正的内容包括:
(1)生涯目标的重新选择;
(2)生涯发展路线的重新确定;
(3)阶段性生涯目标的调整;
(4)生涯发展目标的调整;
(5)生涯目标实施方案的变更等。

在此过程中,应注意回答以下问题:

(1)你的人生价值是什么?

(2)你有哪些知识、技能和条件?

(3)你最感兴趣的事情是什么?

(4)你的人格特质是什么?

(5)你是否好高骛远?

(6)你建立了自己的就业信息网络吗?

总之,职业生涯规划完成并实施后,我们必须对阶段性的结果进行评估,根据评估的结果找出结果与规划之间的差距,分析差距产生的原因,针对性地对计划进行调整,并根据调整后的方案,采取有效的行动措施。

(三)修正行动计划

实施生涯规划时,必须为日后可能的计划修改预留余地,修正的依据是每次评估后反馈回来的信息。至于计划修正的时机,必须考虑下列四点:

(1)以周、月或学期为单位,定期检查预定目标的达成进度及取得的效果;

(2)每一阶段目标达成之时,要依据实际效果,修订未来阶段目标可采用的策略;

(3)主观因素、客观环境改变影响到计划的执行;

(4)有效的生涯设计还要不断地反省修正,反省策略方案是否恰当,能否适应环境的改变。

(四)修正应考虑的因素

• 1.环境因素

包括社会环境、政治环境、经济环境、科技环境、自然环境、法律环境等。从宏观层面认识到职业生涯发展的局限和可能,个人只能适应而不可改变。

• 2.组织因素

包括组织规模、组织结构、组织文化、组织发展状况、人力资源规划、人力资源管理系统类型、晋升政策、人际关系等,一切与职业生涯发展有关的组织因素。要改变组织因素非常困难,但个人可以选择到最适合自己发展的组织中工作。

• 3.个人因素

年龄、性别、学历、工作经历、家庭背景、人格等等。一方面你要正确认识自己,另一方面要不断完善自己。组织和个人只能适应第一因素,正确认识和分析第二、第三因素,寻求个人发展和组织发展的最佳匹配。

总之,生涯目标实施方案的评估和修正可以按以下模式进行。见表5-6。

表 5-6　评估和修正表

阶段目标	
实施结果	
存在的差距	
差距产生的原因	
修正后的目标	
修正后的实施举措	

第三节　大学生生涯与发展规划实施案例

我是某高职高专学校英语专业的学生。大学英语教学的目的是培养学生具有较强的阅读能力、一定的听力能力（理工科适用的大纲还规定一定的翻译能力）以及初步的写和说的能力，使学生能以英语为工具，获取专业所需要的信息，并为进一步提高英语水平打下较好的基础。为此，本考试主要考核学生运用语言的能力，同时也考核学生对语法结构和词语用法的掌握程度。考试范围主要是教学大纲所规定的全部内容（说与译的内容除外）。

本考试于每学期结束前后举行，由大学英语标准考试设计组负责和实施。每年举行两次。

以下是我大一期间的英语学习计划（学习实施方案）。

实施时间	英语学习				
	词汇(4 000)	阅读	听力	语法	写作
10 月	1 000	10 篇文章	听英语短句	按书本安排控制语法学习进度	写旬记
11 月	800	20 篇文章	听 special english		写日记
12 月	700	30 篇文章	听中级美国英语		写日记加评语
1 月	600	30 篇文章	听中级美国英语		写短文
2 月	500	30 篇文章	听中级美国英语		写短文
3 月	400	30 篇文章	听中级美国英语		对时事加评语

为此,我每天的英语学习时间安排如下:

实施时间	词汇	阅读	听力	写作
6:30~7:00	背词汇			
7:00~7:30			练听力	
21:00~21:40		阅读课文		
21:40~22:00				写英语日记

三个月后,我对这一学习方案实施结果进行了总结和评估,找到了存在的差距,分析了差距产生的原因,并针对此原因对原实施方案进行了修正。

阶段目标	词汇	阅读	听力	语法	写作
	2 500	60	能听中级美国英语		写日记家评语
实施结果	3 000	40	能		还不能做到每天写日记
存在的差距	+500	-20	基本达到		未达到
差距产生的原因	用的时间多	时间不够	基本做到		时间安排不够
修正措施	每天缩短10分钟	每天增加阅读时间	维持原计划	适当减少语法练习时间	每天增加10分钟

实施后,我如期完成第一学年英语学习实施方案,顺利通过考试。学习计划让我轻松迈过了一道门槛。

【拓展练习】

评估你的行动计划。
你当前要实现的目标是_____,
这个月的行动计划是_____,
根据事件的轻重缓急具体安排是_____,
你在实施中发现的问题是_____,
你的修正计划是_____,
迄今为止我实现的阶段目标是_____,
这次反馈、调整的总结是_____。

附录一　新生期大学生生涯规划表

一般情况	姓名		性别		年龄		身高	
	就读学校				院、系			
	所学专业				感兴趣的专业			
	起止时间		新生入学 1~2 个月					
	年龄跨度							

自我认知	自我认知的项目	大学生应具备的能力	认知结果	差距
	生活自立能力	自己管理生活		
	学习方式	自主学习能力		
	自律能力	要求高度自律		
	思维模式	成人思维		

环境认知		环境认知的内容	记录				
			位置	开放时间	使用条件	联系人	注意事项
	校园硬件	图书馆					
		教室					
		实验室					
		机房					
		运动场					
		超市					
		食堂					
		浴室					
		开水房					
		报告厅					
		就业指导中心					

新生期大学生生涯规划表 附录一

续表

	认知的内容		记录					
			姓名	家乡	兴趣爱好	联系方式	职务	其他
环境认知	人脉圈	室友						
		班友						
		老乡						
		校友						
		老师						
		领导						
	认知的内容		记录					
			组织的主要职责	负责人	部门分配	部门负责人	部门职责	加入条件
	社团、学生会等组织	国旗班						
		社团联合会						
		社团						
		学校学生会						
		院系学生会						
		各类协会						
规划目标 适应大学	学业规划	学会自主学习						
	成长规划	学会与人相处						
		学会自我管理						
		学会成人思维						
		学会独立生活						
		熟悉校园						
		努力向大学生转变						
	学会感恩	给父母写一封感恩信						
		给中学老师写一封感恩信						
		计算大学学习成本						

附录二 低年级大学生生涯规划表

	姓名		性别		年龄		身高	
一般情况	就读学校				院、系			
	所学专业				感兴趣的专业			
	起止时间		大学一年级至二年级					
	年龄跨度								
自我认知	生理我小结							
	心理我小结							
	社会我小结							
	道德我小结							
	家庭我小结							
	优势我小结							
	完整我总结							
环境认知		了解的项目			记录			
	城市环境	市情概况							
		行政区域						
		历史沿革						
		地理环境						
		地方特产						
		经济发展						
		交通建设						
		对外交流						
		文化事业						
		教育事业						
		著名景点						

续表

环境认知	所学专业	专业老师	
		本专业学术带头人(本校、本市、本领域)	
		本专业主干课程	
		本专业发展现状和就业前景	
		专业培养目标	
		本专业的基本要求	
		与专业有关的学术机构	
		与专业有关的杂志	
		与专业有关的网站	
	相关行业信息	行业的定义与范围	
		行业的意义与前景	
		行业内的标杆企业	
		行业准入资格	
		行业标杆人物	
规划目标	学业规划	通识能力学习规划	
		专业基础学习规划	
		初步了解专业网站、杂志	
	成长规划	养成良好的生活习惯	
		培养健康的兴趣和良好的心态	
		树立正确的恋爱观	
		学会自我管理	
		培养良好的思维方式	
		树立科学的世界观	
		拥有梦想	
		学会明势	
	实践规划	参加几个社团	
		做几次义工	
		参加几次见习	
		参加几次院级活动	
		访谈几个生涯人物	
		参加几次职业体验活动	
		写出几篇实践论文	

[193]

附录三　高年级大学生生涯与职业发展规划表

一般情况	姓名		性别		年龄		身高	
	就读学校				院、系		
	所学专业				感兴趣的专业		
	起止时间	大学三年级					
	年龄跨度							
自我认知	生理我小结							
	心理我小结							
	社会我小结							
	道德我小结							
	家庭我小结							
	优势我小结							
	完整我总结							
环境认知		环境认知的内容			记录		
	就业形势	就业						
		专升本						
		参军						
		考公务员						
		留学						
		创业						
	国家政策	国家层面的就业、创业优惠政策和措施						
		国家的产业政策						
		区域性政府的就业、创业优惠政策和措施						
		相关产业园区及优先发展的产业						
		与本专业有关的行业发展趋势，著名企业						
		与本专业就业有关的行业的准入标准、职业技能要求和就业形势						
		与工作和生活有关的幸福指数						

高年级大学生生涯与职业发展规划表 | 附录三

续表

环境认知	职业探索的内容	职业描述	
		职业的核心工作内容	
		职业的发展前景及其对社会和生活的影响、作用	
		薪资待遇及潜在收入空间	
		岗位设置及不同行业、企业间的差别	
		入门岗位及其职业发展道路	
		职业标杆人物	
		职业的典型一天	
		职业通用素质要求及入门具体能力	
		工作与思维方式及对个人的内在要求	
	所学专业所对应职业的准入门槛	相关职业资格	
		职业资格证书	
		职业等级证书	
		相关领域的法律常识	
目标决策	毕业目标		
	SWOT 分析	优势	
		劣势	
		差距	
规划目标	学业规划	专业学习规划	
		职业素养提升规划	职业技能提升
			职业思想、道德、行为提升
		准备毕业论文或毕业设计	
		准备毕业考试	
	成长规划	辩证看社会	
		学会专注性思维	
		努力向职业人转变	
		努力向社会人转变	
		进一步学会时间管理和财务管理	
		构建职业人脉圈	
		慎选恋爱对象	
	实践规划	参加几次大型专业性全国大会	
		选择几家相关企业实习	
		参加几场招聘会	
		准备几份简历和求职信	

[195]

附录四　大学期间生涯规划实施方案

(一)大学三年总实施方案

实施时间		学业方面		生活成长方面		社会实践方面	
		目标	方案	目标	方案	目标	方案
第一学年	上学期						
	下学期						
第二学年	上学期						
	下学期						
第三学年	上学期						
	下学期						

(二)年度(学期)行动计划

实施时间	学业方面		生活成长方面		社会实践方面	
	目标	方案	目标	方案	目标	方案
1月						
2月						
3月						
4月						
5月						
6月						
7月						
8月						
9月						
10月						
11月						
12月						

(三)月行动计划

实施时间	学业方面		生活成长方面		社会实践方面	
	目标	方案	目标	方案	目标	方案
第1周						
第2周						
第3周						
第4周						

(四)周行动计划

实施时间	学业方面		生活成长方面		社会实践方面	
	目标	方案	目标	方案	目标	方案
星期一						
星期二						
星期三						
星期四						
星期五						
星期六						
星期日						

(五)日行动计划

实施时间	学业方面		生活成长方面		社会实践方面	
	目标	方案	目标	方案	目标	方案
6:00～7:00						
7:00～8:00						
8:00～12:00						
12:00～14:00						
14:00～17:00						
17:00～18:00						
18:00～19:00						
19:00～21:00						
21:00～22:00						
22:00～6:00						

附录五　大学期间生涯规划评估修正表

周评估修正表

实施时间	阶段目标（预计结果）			实施后的结果	评估差距	分析差产生原因	修正后的目标	修正后的措施
	学业	生活成长	社会实践					
星期一								
星期二								
星期三								
星期四								
星期五								
星期六								
星期日								

注：评估修正表要结合具体的行动计划才能运用，如日计划、周计划、月计划、学期计划、学年计划。评估修正只能从小到大运用，即评估的顺序为日、周、月、学期、学年等，因为只有在具体的行动中或之后，才能对手段和结果有具体的量化和体验。